SOMMAIRE

INTRODUCTION : DU TERRAIN AVANT TOUTE CHOSE !

> « Ici j'ai la claire sensation d'une vie foisonnante. Ici je vais pouvoir *m'arrêter et planter ma tente.* »
>
> B. Malinowski, *Journal d'ethnographe*, samedi 1er décembre 1917 (1985, p. 148).

> « Depuis 1982 j'ai mené mon travail de terrain dans une multiplicité de lieux, y compris la ville de Peshawar au Pakistan et divers camps de réfugiés dispersés dans la province de la frontière du Nord-Est. Un été je suis également rentré en Afghanistan pour suivre les opérations d'un groupe de *mujahadin* et j'ai passé un certain temps parmi les réfugiés afghans de la région de Washington D.C. (aux États-Unis). Enfin j'ai suivi les activités d'un groupe d'informateurs afghans sur Internet. »
>
> D. Edwards, 1994, p. 345[1]

L'ethnologie personnifie par excellence la culture de l'enquête de terrain. À la réflexion personnelle, psychologique ou littéraire dominante jusque dans les années soixante a succédé une réflexion plus critique et autocritique, plus méthodologique et sociologique, sur l'exercice même de l'enquête. Depuis quinze ans, c'est la posture de l'ethnologue, le statut de *son terrain* et surtout de *son texte* qui sont en cause. On pourrait donc affirmer aujourd'hui qu'on connaît bien l'enquête ethnologique, que sa réputation n'est pas à faire et pourtant son extrême personnalisation semble interdire toute tentative de généralisation et de synthèse. Le terrain, tout le monde en parle, mais la tradition française lui accorde une postérité plus subjective et idiosyncrasique que scientifique et professionnelle. Les manuels généraux sont peu concernés par l'exposé méthodique de l'enquête de terrain et les manuels spécifiquement consacrés à l'enquête ethnologique dans le cadre

1. « Afghanistan, Ethnography and the New World Order », *Cultural Anthropology*, 9, 3, 1994, pp. 345-360.

d'une perspective anthropologique n'existent tout simplement pas, ce qui n'est pas du tout le cas dans le monde anglo-saxon.

L'expression « faire du terrain » (*fieldwork*) est certainement l'un des impératifs les plus catégoriques de la discipline (B. Pulman, 1988). Et pourtant l'enquête de terrain a tellement évolué depuis un siècle (et pas seulement parce que les terrains eux-mêmes ont changé) que réduire l'ethnologie et l'anthropologie au terrain, à une aventure intellectuelle personnelle, est une image facile et trompeuse. Le développement croissant d'une anthropologie de la modernité et du monde occidental confronte de plus en plus l'enquête ethnologique aux autres modes d'enquête consacrés de la sociologie et même de la science politique pour ne pas parler de l'histoire sociale et orale. Elle devient une source à la fois d'emprunts et d'inspiration pour ces disciplines.

Le rappel de ses principes de base ne cherche pas à redessiner des frontières oubliées ou à protéger des terrains convoités. La connaissance du patrimoine des modes d'usage et des habitudes plus ou moins formelles est une nécessité pour que l'anthropologie construise avec imagination et pertinence les méthodes d'enquête de l'ailleurs que seront les sociétés et les cultures encore inconnues de demain. L'enquête ethnologique, malgré son apparente facilité et rusticité, demande des moyens (pour continuer à fréquenter aussi l'Autre lointain) et surtout du temps pour un séjour conséquent (six mois, un an ou même plus). Toutefois, l'évolution conjointe de ces disciplines depuis un demi-siècle a conduit à des rapprochements, à des recouvrements, voire à des substitutions. En France, la tradition actuelle semble imposer une solution quelque peu ambiguë qui juxtapose ethnologie et anthropologie, sous-entendu sociale et culturelle. Ainsi l'on trouve les expressions d'enquête anthropologique, voire ethno-anthropologique dans la littérature professionnelle ou introductive (R. Cresswell et M. Godelier, 1976 ; Ph. Laburthe-Tolra et J.-P. Warnier, 1993 ; Cl. Rivière, 1995). Par ailleurs, la collecte ethnographique peut paraître anachronique mais S. Beaud et F. Weber se réfèrent, dans un rapprochement disciplinaire entre sociologie et anthropologie, à une ethnographie sociologique (1997). Il semble donc qu'on ait l'embarras du choix.

L'auteur de ces lignes se place depuis longtemps sous l'égide de l'anthropologie mais le recours au terme « ethnologie » pour désigner l'ensemble de la démarche méthodologique de terrain permet de définir comme un juste milieu, soucieux autant de la qualité du traitement empirique des données que des contraintes scientifiques de la comparaison et de la généralisation (1996). Bref, la mondialisation actuelle des terrains impose un projet par définition anthropologique qui neutralise autant que faire se peut tout exotisme, tout archaïsme, tout ethnocentrisme. Mais parler de l'ethnologie de terrain, c'est conserver présente la mémoire de ceux qui ont élaboré les premiers principes d'une enquête empirique conduite par le chercheur lui-même. Cette auto-élaboration des données, quel que soit le type de société étudié, reste jusqu'à nouvel ordre l'un des critères discriminants de la raison d'être de l'anthropologie et rien ne s'oppose au maintien d'un moment ethnologique dans ce processus.

Le terrain est-il l'inconscient de l'ethnologie ?

Le rapport au terrain, à l'ensemble des démarches productrices d'information et de sens dans l'anthropologie, est loin d'être évident et transparent[2]. On pourrait presque dire qu'il a un statut similaire à celui de l'inconscient dans les théories psychologiques et psychanalytiques : il ne parle pas directement de lui-même et pourtant il travaille ; ses effets sont repérables mais il n'existe qu'en relation avec les autres composantes de la personnalité.

L'objectif de ce volume est de répondre à plusieurs besoins et à plusieurs attentes :

1. La méthode de l'ethnologie semble par définition fondée sur le terrain mais ce dernier est le produit d'un rapport historique et social dont l'apparition relève de traditions nationales différentes. L'enquête de terrain n'a pas toujours existé et on n'y a pas toujours recours. Cette méthode n'est pas toujours directement empirique et il convient donc d'établir avec précision les multiples formes, moments et genres de l'enquête.

2. La diversité des domaines, des objets, des sous-disciplines, des disciplines connexes (ethnozoologie, ethnomusicologie, etc.) démultiplie de fait le rôle et l'usage de l'enquête, et permet d'élaborer une pluralité de modèles techniques. Il n'existe pas un modèle unique et passe-partout de l'enquête,

2. J.-P. Olivier de Sardan dans son article programmatique (1995) fait le point sur cette question dans sa note 5 (pp. 73-74) : il y signale quatre articles dont « il est significatif qu'ils n'aient été en quelque sorte publiés qu'en catimini ». Les deux tiers des 70 références de l'article sont en langue anglaise !

et c'est ce qui explique, en un sens, la faible formalisation didactique de la formation à l'enquête ethnologique.

3. Les aires culturelles d'application des enquêtes diversifient encore plus les pratiques et les contraintes. Les traditions françaises en la matière (d'abord coloniales) ne sont peut-être pas les plus significatives : il convient donc d'évoquer les principales caractéristiques d'une expérience par définition mondiale et internationale.

4. La confrontation des diverses conceptions de l'ethnologie et de l'anthropologie, la coexistence pacifique ou la compétition larvée avec la sociologie se répercutent en partie sur l'enquête de terrain et cette dernière ne protège pas l'ethnologie et l'anthropologie de dérives textuelles et ethnocentrées où seuls le texte ou la conception du monde de l'ethnologue (ou celle de l'informateur) finissent par créer la réalité sociale. En fait, cette situation a conduit ces disciplines à s'interroger encore plus sur elles-mêmes et sur la spécificité d'un rapport simultanément distancié et intime avec l'Autre d'où qu'il soit.

5. L'ethnologie, aujourd'hui, est en quelque sorte duale : elle est un savoir sur l'Autre, sur *tous* les autres et un discours sur elle-même, sur le cheminement et la manière de construire ce même savoir. Pour éviter que ce savoir ne soit qu'un simple reflet du point de vue d'autrui ou… de soi-même (la critique postmoderne de l'illusion objectiviste), il faut que l'ethnologie se soumette elle-même, dans la dynamique de la construction scientifique, à cette obligation du regard extérieur. L'ethnologie et l'anthropologie ne doivent bénéficier d'aucun privilège, d'aucune protection « épistémologique ». En explicitant et en expliquant son terrain, l'ethnologue devient lui-même un Autre et il n'est donc plus le seul maître de *sa* vérité.

6. Pour conclure : l'objectif de cet ouvrage est d'évoquer l'ensemble du champ réflexif soulevé par la nature de l'enquête de terrain en ethnologie, par les contextes de l'oralité d'une part et par les implications des écritures de terrain de l'autre. Il vise à rappeler l'importance des facteurs sociaux, culturels et linguistiques propres à toute relation avec un interlocuteur ou un informateur « ethnologique » et surtout à remettre en cause l'idée de facilité attachée à l'usage d'une démarche soi-disant qualitative (opposée aux obstacles de « l'impératif quantitatif »).

Merci à Bertrand Masquelier pour *Fieldnotes* et *Anthropological Locations* sans qui ce livre ne serait pas ce qu'il est. Merci à Michelle pour ses remarques et sa patience.

1

MÉTHODES, ENQUÊTES ET TERRAINS

Nombreux sont les textes où l'on peut trouver l'expression « le terrain est le laboratoire », « le terrain est l'atelier » de la recherche ethnologique ou anthropologique. Ce lieu commun (puisque le terme de « terrain » appartient à toutes les sciences sociales et possède également un sens qui n'a rien à voir avec la recherche) est en fait une métaphore bizarre puisque la majorité des images spontanées du terrain de ces disciplines (et des illustrations que l'on peut voir dans les ouvrages) évoquent plutôt la vie en plein air, le travail dans un environnement naturel, la vie sociale d'espaces publics et ouverts. Le terrain est tout aussi problématique d'un point de vue temporel, et en cela l'ethnologie ne diffère pas fondamentalement des autres sciences sociales, puisque le chercheur n'y consacre qu'un moment très limité dans l'ensemble de sa vie professionnelle. Le terrain n'est donc pas un lieu de travail où l'on se rendrait tous les matins comme au bureau, à l'usine ou au laboratoire de recherche justement (comme en biologie, en physique ou en psychologie). Le terrain, à l'évidence, est une réalité floue à propos de laquelle l'information est de nature variée. L'expérience morale de la discipline, les « faits » dont la collecte motive l'enquête, le quotidien enfin qui mêle intimement vie sociale et vie scientifique renvoient au terrain. Ce dernier est donc tout autant la condition de possibilité de toute recherche qu'un moment, certes spécial et original mais temporaire voire aléatoire, de cette même recherche.

Cette incertitude du statut du terrain est d'autant plus paradoxale que l'ethnologie moderne est visiblement née du jour où c'est le chercheur de bureau (le fameux *armchair anthropologist*) qui est allé recueillir lui-même ses propres données sur le « terrain ». Il y a donc une ethnologie d'avant le terrain (environ 1880), une ethnologie de terrain qui se cherche (jusqu'en 1920) et enfin une ethnologie de terrain proprement dite, cette périodisation rappelant par conséquent qu'il a existé une ethnologie sans terrain (au sens expérimental) et que ce modèle n'est pas sans postérité lui-même (notamment en France avec Marcel Mauss et dans une certaine mesure Claude

Lévi-Strauss[1]). À l'autre extrême certains chercheurs se sont adaptés au terrain au point de s'y installer pour une durée bien supérieure à la moyenne (Curt Nimuendaju, Jacques Lizot).

Néanmoins l'avis est quasi unanime aujourd'hui qu'il n'y a pas d'ethnologie sans terrain (et qu'il n'y a pas d'anthropologie sans ethnologie), d'autant qu'en un siècle la diversification des contextes, des lieux et des pratiques a suscité une véritable typologie des recherches de terrain. La validité scientifique trouve un appui méthodologique dans l'élucidation de l'ensemble des rapports sociaux imposés à l'ethnologue et construits par lui-même au cours même de ce terrain. L'ethnologue est lui-même un produit du terrain et l'auto-analyse (d'abord définie comme psychanalytique, aujourd'hui comme plutôt sociologique) fait partie depuis déjà longtemps de la panoplie du parfait ethnologue.

Il convient de clarifier les diverses fonctions du terrain afin d'examiner le sens des leçons que l'on pourrait en tirer. La pédagogie et l'apprentissage du terrain sont loin d'être évidents : les traditions sont extrêmement individualistes et personnelles en la matière et, pour un nombre important d'ethnologues, le terrain serait avant tout un état d'esprit, un *feeling*, un genre de vie, donc une capacité plus ou moins innée à les assumer. Bref, le terrain, ne pouvant s'apprendre, ne pourrait être enseigné.

Depuis une dizaine d'années un rapport plus analytique au terrain s'est instauré : l'histoire de la discipline, la modification des lieux de terrain, et donc de la mise au point des manières de faire du terrain, l'apparition (ou la résurgence) d'une ethnographie sociologique sont des facteurs qui manifestent enfin une mise en perspective du terrain dans la pratique et dans l'image de la discipline. Bref, après l'invention d'une ethnologie *de* terrain comme préalable à toute ethnologie, voici enfin venu le temps d'une ethnologie *du* terrain, à la fois préalable et moment de l'ethnologie de terrain et de toute anthropologie.

1. Claude Lévi-Strauss conduit ses terrains brésiliens dans les années 1935-1938 et il en tirera une monographie, *La Vie familiale et sociale des Indiens Nambikwara*, Paris, Société des américanistes, 1948. Son œuvre des années 1945-1985 est, au sens technique, de seconde main.

1. Le terrain : un lieu, une pratique, un objet, une tradition scientifique

Apparemment le terrain appartient à tout le monde et d'abord aux populations qui y vivent, qui sont la raison d'être du terrain ethnologique. Pourtant le terrain a pu d'abord apparaître comme une propriété privée des ethnologues. En effet, ces derniers emploient très souvent les expressions « mon terrain », « ma population » (jadis « ma tribu »), « mon village », « mes informateurs », etc. Le partage du terrain n'a pas été très bien vu une fois défini le modèle idéal type classique : un ethnologue, une monographie, une population, un terrain. La solitude de l'ethnologue, la soi-disant unicité et globalité de l'objet, la scientificité « naturelle », intuitive d'un regard extérieur concrétisent ou justifient cette protection des yeux indiscrets, expliquent le déplacement des critiques vers le niveau des interprétations et des comparaisons puisque le silence règne sur le terrain méthodologique, aux présupposés indiscutables mais par ailleurs secrets.

Pourtant le terrain fait parler de lui parce qu'il est difficile de décrire les Autres sans expliquer ce qui sert de base à cette description, sans indiquer, à un moment ou à un autre, comment on a « recueilli », « transcrit », « compris » les fameux *faits*. Cette induction tous azimuts fut confortée pendant longtemps par le piège linguistique : la sur-objectivation des informations par le traitement d'abord sémantique et linguistique (voir les études de parenté de L. H. Morgan ou la conception de la culture chez E. Sapir par exemple) par des ethnologues qui ne maîtrisent que très rarement la totalité des registres de l'énonciation. Le formalisme du traitement est fondé sur l'effacement des personnalités : la culture (le terrain) et son interprète-traducteur (l'ethnologue) prennent le pas moins sur le vécu (que les ethnologues transposent facilement en confessions) que sur l'explicitation des conditions sociales des énoncés et des commentaires des actes tant au premier degré (des membres de la société étudiée) qu'au second degré (entre ces derniers et l'ethnologue). Ainsi, malgré l'existence d'anthropologues femmes de terrain dès les années 1920[2], la prise de conscience de l'effet du

2. Voir les réflexions de M. Mead (1972, 1980) ou de D. Paulme (1977, 1979).

genre dans l'enquête de terrain est bien plus tardive, l'anthropologie française manifestant sur ce point un retard encore plus inquiétant, que l'objet d'étude soit l'univers domestique, féminin, ou non[3].

Le terrain se décline sous quatre figures : un lieu, un type de pratique et de comportement (à la fois social et scientifique), un objet et plus largement un domaine thématisé, enfin une tradition scientifique voire un rite d'entrée dans la profession. La littérature sur le terrain en tant que tel, sur l'une des figures ou sur plusieurs de ces figures, est dans l'ensemble restreinte, tout particulièrement en langue française. Elle relève de plusieurs catégories et l'on peut très bien l'ignorer en toute bonne foi à cause de son contenu personnalisé, de ses descriptions anecdotiques ou au contraire de ses réflexions quasi épistémologiques ou métaphysiques. Cette littérature est soit à la première personne (l'auteur parlant de son terrain), soit critique (le terrain des autres par rapport au sien ou aux résultats auxquels il a conduit et que l'on discute), soit analytique (comment on fait de l'ethnologie). Elle donne lieu à des ouvrages ou à des articles souvent publiés dans des revues secondaires ou dans des anthologies, dans des collections parfois non professionnelles et la seule manière de la retrouver est d'éplucher les bibliographies de chaque ethnologue. En définitive, le terrain n'est pas directement présent, du moins massivement, dans la littérature empirique et théorique.

1.1 Le terrain comme lieu

C'est bien sûr l'exotisme de la tradition fondatrice qui est en jeu ici. Le primitif, le sauvage, l'homme des bois, des forêts, des déserts, des glaces et des steppes, des îles perdues, l'Autre lointain constituent une image d'Épinal. Mais leur réalité ne se discute pas. L'expérience des climats non tempérés, d'un environnement physique difficile, d'un habitat inhabituel sans parler des conditions matérielles de la vie quotidienne (alimentation, repos, santé, tranquillité « scientifique »), des déplacements, forme un arrière-fond qui mobilise l'énergie, épuise l'enthousiasme de la découverte, déprime le caractère. Certes les lieux d'aujourd'hui ne présentent plus forcément

3. Comparer l'ouvrage collectif édité par P. Golde (1970) et le numéro du *Journal des anthropologues*, « Anthropologie des sexes, sexe des anthropologues », 45, 1991.

l'Autre de l'Occident : le ghetto de Chicago, les « sorciers » du bocage de la Mayenne, les hôpitaux de New Delhi ou d'Aix-en-Provence, les dockers du Havre ou les ouvriers d'une usine bangladeshie offrent toutes les apparences d'une modernité à priori peu exotique et archaïque. Les lieux du terrain ne sont donc plus prédéfinis ou prédéterminés. Mais le terrain n'est pas simplement un autre lieu ou un lieu autre.

1.2 Le terrain comme pratique

C'est d'abord une expérience. Une expérience double : des autres et de soi-même. C'est la création artificielle d'une situation sociale à priori temporaire, même si elle doit être de longue durée, où l'on fréquente des gens avec lesquels on n'a aucune relation préétablie et qui n'ont pas demandé qu'on vienne s'intéresser à eux et encore moins qu'on s'installe à demeure. L'ethnologue de terrain doit se créer un rôle « local » ou « externe » qui fasse passer l'inconvénient d'une intrusion pour un avantage et un contact imposé pour la sociabilité d'une relation ordinaire. Mais ce rôle ne doit pas interdire le déploiement de l'enquête, de la présence insistante qui doit à son tour offrir une forme de contrepartie dans ce qui fait la vie quotidienne : services, informations, disponibilité, etc. La neutralité scientifique n'existe nulle part et le terrain ne l'autorise pas : d'abord parce que l'enquête ethnologique est rarement une activité culturellement reconnue et socialement utile (même dans nos sociétés !) et qu'ensuite, toute vie sociale n'étant qu'une suite de décisions, de choix, de préférences, de refus, de silences, d'évitements, l'ethnologue doit s'adapter à ces situations et se couler dans les interstices de liberté qu'elles offrent ou permettent d'offrir. Le terrain comme pratique est une tactique du quotidien au sein d'une stratégie de l'ordinaire et du recevable. La présence de l'ethnologue est exceptionnelle, et la pratique de l'ethnologie doit tout mobiliser pour faire comme si elle ne l'était en rien.

1.3 Le terrain comme objet

Si le terrain existe, c'est bien parce que le projet anthropologique mûri depuis les XVIIe et XVIIIe siècles définit la description et le classement des sociétés d'avant la modernité occidentale comme une nécessité intellectuelle et morale. Que le sauvage soit bon ou méchant, qu'il soit l'image de nos ancêtres ou la projection de nos utopies, l'Autre que les marins, voyageurs ou naturalistes viennent de rencontrer implique une attention intellectuelle spécifique (Gérando, *in* Copans et Jamin, 1994, pp. 73-109). Le XIXe siècle va inventer le primitif, comme l'explique A. Kuper (1988), et donc formaliser son existence autonome hors de l'histoire et provisoirement du social (le racial dominant la scène explicative pendant un certain temps). L'amélioration continue des idées, des méthodes d'observation et d'explication finit par délimiter et construire un objet que l'ethnologue va décider d'aller étudier lui-même. Le terrain est la réalisation de la proximité et de l'intimité de l'ethnologue avec son objet. L'objet devient sensible car il faut une certaine fréquentation pour qu'il se matérialise sous forme d'une connaissance. L'observation participante, démarche fondatrice du terrain comme lieu de matérialisation d'un objet scientifique, est construite comme une procédure d'objectivation. La présence, la durée, l'insertion à la fois distanciée et conviviale de l'ethnologue constituent le déroulement d'une expérience qui révèle progressivement la rationalité d'une réalité sociale et culturelle différente.

L'objet est connaissable simultanément de l'extérieur et de l'intérieur parce que le terrain semble réunir dialectiquement ces contraires. Certes « l'extraction » d'un échantillon humain a pu pendant un certain temps constituer une hypothèse de travail et certains exemples confirment ce penchant naturaliste[4]. Mais, dans l'ensemble, l'ethnologue moderne a été construire son objet sur le terrain, ce n'est pas le terrain qui est venu, comme corps physique et social, à lui.

4. Voir les projets de L. F. Jauffret dès 1803 (Copans et Jamin, 1994, pp. 153-158), les ambiguïtés de la sauvegarde selon Théodora Kroeber (*Ishi, testament du dernier Indien sauvage d'Amérique du Nord*, Paris, Plon, coll. « Terre humaine », 1968), sans parler des hypocrisies pseudo-scientifiques et des exploitations commerciales des Esquimaux ou des Pygmées au tournant du siècle : voir Ph. V. Bradford et H. Blume, *Ota Benga – Un Pygmée au zoo*, Paris, Belfond, 1993, et K. Harper, *Minik l'Esquimau déraciné*, Paris, Plon, coll. « Terre humaine », 1997.

1.4 Le terrain comme tradition (scientifique et professionnelle)

Le terrain comme lieu et comme pratique, comme procédure et comme objet scientifique est une donnée qui s'élabore progressivement, par à-coups et innovations. Ses avantages probables sont reconnus bien avant qu'il ne soit institutionnalisé mais il ne s'impose pas d'emblée à toute la discipline. De multiples déterminations se font jour qui tiennent autant aux figures du lieu, de la pratique que de l'objet. L'enseignement, la place de l'ethnologie dans les sciences sociales et de ces dernières dans le panthéon scientifique à la fin du XIXe siècle, l'originalité de l'exercice professionnel, les mœurs coloniales interviennent également pour imposer ou restreindre l'obligation du terrain et pour transformer ce dernier en une image de marque et plus tard en une tradition. L'ethnologie, c'est le terrain ; le terrain, c'est l'ethnologie. Sans terrain, l'ethnologie relève encore du cabinet de curiosités, sans preuve empirique méthodologiquement valable, sans ce supplément d'âme que serait l'exercice de la négation de soi.

Le caractère exploratoire et aventurier, égocentrique et idiosyncrasique du terrain est fortement mis en avant. Mais en même temps cette spécificité n'est pas si évidente que cela, notamment dans le cas de l'expérience américaine où l'anthropologie construit ses terrains à l'intérieur même de l'espace national (réserves indiennes, quartiers blancs, ghettos noirs). Par ailleurs, une tradition n'a de pertinence que si elle devient routine, se justifiant d'elle-même par le seul fait d'exister. Une fois vérifiée l'efficacité du recours au terrain, la tradition du terrain va se suffire à elle-même : la preuve du terrain, c'est qu'on en fait ! Progressivement, c'est la tradition du terrain qui devient l'objet du terrain grâce à une relecture des travaux et à une sociologie du travail ethnologique. Le terrain devient une excuse, une illusion. Les crises nationalitaires compliquent l'accès au terrain et remettent en cause la possibilité des séjours de longue durée. La formation hésite entre le cours de recettes techniques et la causerie des « bons » souvenirs. Enfin, la déconstruction textuelle des terrains neutralise le terrain comme espace sociologique et surtout collectif. Il ne reste plus qu'à inventer ou former l'informateur-ethnologue et la boucle est bouclée. Aujourd'hui, les indigènes font eux-mêmes leur propre terrain et peuvent en interdire l'accès aux ethnologues devenus ainsi les Autres (indésirables !). Il faut réinventer les traditions mais on ne sait pas très bien quel terrain s'y cache. Un terrain peut en effet toujours en cacher un autre (M. Agier, 1997).

2. Le terrain : une histoire des enquêtes

Si l'histoire de l'ethnologie et de l'anthropologie a fait quelques progrès ces dernières années, l'histoire du terrain et des enquêtes reste le parent pauvre de cette histoire. Une érudition considérable est en effet nécessaire pour contextualiser le détail de travaux qui ont souvent tout fait pour mystifier ou induire en erreur le lecteur y compris – certains ajouteraient et surtout ! – le lecteur-ethnologue. Le texte ethnologique est loin d'être transparent (voir le chapitre 7) et les documents de base qui permettent de reconstituer la vie quotidienne du terrain restent largement inaccessibles dans des archives privées lorsqu'ils n'ont pas disparu au cours de la carrière même de l'ethnologue.

Les premiers enquêteurs sont probablement les hommes d'Église et les missionnaires. Leur formation, leurs habitudes sociales (séjour sur place, fréquentation intime des indigènes fidèles et convertis) peuvent donner un caractère systématique à leurs réflexions et descriptions qui prouvent qu'ils connaissent le terrain. Comme l'explique Cl. Blanckaert : « [...] les agents de la déculturation, ces "ouvriers évangéliques", pratiquèrent les premiers, et plus que les voyageurs, une "participation observante" précieuse à plus d'un titre pour les savants de cabinet et les compilateurs qui les relaieront. S'ils furent dans l'ensemble incapables de déchiffrer le code culturel des peuples chez lesquels ils exercèrent un ministère souvent pesant, les missionnaires contribuèrent majoritairement à la connaissance des cultures matérielles et surtout des langues exotiques » (1985, p. 12). Cependant, Thierry Saignes explique le rôle médiocre de certains missionnaires par le fait qu'ils ont rédigé leurs travaux sur place et qu'ils n'ont pas vécu le sentiment nostalgique d'un exil en retournant en Europe. Les qualités d'un Léry, d'un Staden, d'un Lafitau viennent en fait de cette « douloureuse sensation de rupture et [d'un] incoercible désir de retour à l'Autre » (1985, p. 213).

Le terrain est donc ambivalent. Une première rupture intervient avec les textes de la Société des observateurs de l'homme et notamment *Les Considérations sur les diverses méthodes à suivre dans l'observation des peuples sauvages*, de Gérando, qui datent de 1799. La démarche de l'observation participante, de l'apprentissage linguistique, du séjour de longue durée y est explicitée fort clairement. Il faudra toutefois attendre près d'un siècle pour que les «observateurs» européens passent à l'acte, notamment les anthropologues britanniques. Rétroactivement on constate la nécessité d'un double détour politique (la colonisation et la pacification des territoires occupés) et scientifique (élaboration scientiste de l'altérité raciale, évolutionniste, culturelle) à la mise au point positiviste de l'objectivation ethnologique. La situation est différente aux États-Unis où l'exploration territoriale du continent se mène conjointement avec une demande de renseignements ethnologiques. Dès le milieu du XIXe siècle, l'enquête semble aller de soi et il n'est pas étonnant que l'un des fondateurs théoriques de l'anthropologie comparée, Lewis H. Morgan, pratique dès les années 1840 une ethnologie de terrain dans la réserve iroquoise proche de son domicile, à Rochester, dans l'État de New York. *La Ligue des Iroquois* est d'ailleurs considéré comme le premier ouvrage ethnographique nord-américain (1851).

Le XIXe siècle voit une floraison de guides et d'instructions d'enquêtes (ce ne sont pas des manuels puisque l'ethnologie n'est pas encore véritablement enseignée). Le voyageur non ethnologue a pour tâche de recueillir les données ethnologiques brutes. L'étude aux premier et second degrés de ces ouvrages donne une idée précise du projet et des moyens de la discipline tels qu'ils étaient conçus à l'origine. Le guide d'enquête le plus célèbre, de langue anglaise, *Notes and Queries on Anthropology for the Use of Travellers and Residents in Uncivilized Lands*, a été publié par la British Association for the Advancement of Science et l'Anthropological Institute of Great Britain and Ireland en 1874, et a connu une sixième édition en 1964. D. Fowler dans son étude fait le point sur l'histoire de ces instructions d'enquêtes avant 1880 : il distingue les instructions provenant d'institutions officielles et politiques, les guides pour voyageurs, les ouvrages élaborés par des sociétés savantes et enfin les guides d'enquête ou questionnaires rédigés par des chercheurs individuels pour leur propre usage. Sa liste comporte plus d'une centaine de titres en plusieurs langues (1975).

Ces exemples confirment le rôle des traditions nationales dans le choix des terrains et la demande politique ou intellectuelle de l'enquête. Dès les années 1880 aux États-Unis et dès le tournant du siècle en Grande-Bretagne, des chercheurs expérimentent l'enquête solitaire ou collective (dans le cadre d'une expédition pluridisciplinaire). Ainsi Frank Cushing chez les Indiens du Sud-Ouest des États-Unis (1880), Frantz Boas (d'origine allemande) chez les Inuit de la Terre de Baffin du Canada (1883) recueillent des informations ou des textes traditionnels auprès d'interlocuteurs indigènes. L'expédition de A. C. Haddon dans les îles du détroit de Torrès (entre l'Australie et la Nouvelle-Guinée), en 1898 comprend W. H. R. Rivers qui pratique une enquête extensive. Après d'autres terrains en Inde et en Mélanésie, ce dernier met au point sa méthode généalogique, l'une des premières formes de réflexion sur l'enregistrement systématique d'un type de données ethnographiques (1910).

Lorsque B. Malinowski conduit ses recherches aux îles Trobriand (après un premier séjour en Australie), de juin 1915 à mai 1916 et d'octobre 1917 à juillet 1918, l'enquête de terrain possède déjà une certaine vraisemblance. Mais elle n'est pas encore méthodique et encore moins perçue comme *la* méthode intrinsèque de l'ethnologie et de l'anthropologie. Selon R. Sanjek, Malinowski « [...] n'est absolument pas le premier à vivre au milieu des indigènes, à observer le déroulement de rituels, à recueillir des cas concrets, à retrouver un ordre à travers les données, à rédiger des notes de terrain de manière chronologique, à enregistrer les points de vue de ses informateurs, à parler la langue locale ou à restituer des corpus de textes [...] ». Mais, en recourant à toutes ces méthodes à la fois, en utilisant la langue locale pour mettre « l'énonciation en action » (A. I. Richards, 1939) dans ses notes de terrain et en instituant un aller et retour systématique entre ses notes et son terrain, Malinowski a en effet réalisé « quelque chose de nouveau et d'inédit » (1990, p. 210). Ses méthodes de terrain sont décrites de manière héroïque dans *Les Argonautes du Pacifique occidental* (1963) et de manière plus ordinaire dans *Les Jardins de corail* (1974). Elles vont devenir, grâce à son enseignement à la London School of Economics, une sorte de modèle prescriptif, et progressivement l'observation participante devient le préalable à toute enquête et même à toute réflexion de nature anthropologique.

À partir des années trente, on peut enfin parler d'une ethnologie de terrain. Soi-disant rite d'initiation, le terrain, par sa distance (à l'époque il n'y a d'ethnologie qu'exotique), sa difficulté, sa solitude, sa déculturation, impose un recueil empirique organisé et réfléchi des données. Mais les guides d'enquête sont peu nombreux. D'après R. Sanjek, qui relit l'évolution de la discipline à travers le statut et la nature des notes de terrain, la diversité des pratiques est considérable mais il reste une forme d'opposition fondamentale entre la monographie, objectivante, cumulative, factuelle, et le caractère général, souvent psychologique ou littéraire, de la réflexion et surtout du compte rendu de l'enquête (1990). Les *Nuer* d'E. E. Evans-Pritchard sont peut-être un exemple parfait de l'*understatement* britannique mais cet ouvrage, l'un des plus réussis de cette époque (1940), reste très « sobre » sur la mécanique de collecte des données[5]. Marcel Griaule, par contre, semble préférer « l'instruction judiciaire ou policière » de la convocation des témoins ou du « vol » des objets[6].

L'enquête de terrain telle qu'elle se standardise au cours des années quarante-cinquante dans l'ensemble du monde occidental, va se trouver remise en cause indirectement au cours des années 1960-1970, lors des mouvements de relecture critique tant aux plans théorique qu'idéologique et politique (Copans, 1974). Les positions épistémologiques de la construction de l'objet (Pierre Bourdieu), de la détermination en dernière instance (anthropologie marxiste), de l'idéologie comme pratique et symbolique (Marc Augé et Marshall Sahlins) vont conduire à des théorisations inédites. Par ailleurs, la dénonciation du colonialisme et de l'impérialisme comme « mère de l'anthropologie » (Kathleen Gough), du présupposé masculin par les féministes remettent en cause le modèle du présent ethnographique qui masque la dynamique dialectique des contradictions sociales et culturelles globales ou internes (Sanjek, 1991). Cependant, la plupart de toutes ces remises en cause partagent le même aveuglement méthodologique, à savoir que la révolution conceptuelle est aussi par définition une révolution méthodologique et que la

5. John Middleton, qui a fait ses études à Oxford sous la direction de E. E. Evans-Pritchard, décrit les conditions dans lesquelles les ethnologues étaient formés pour le terrain à la fin des années 1940 en Grande-Bretagne : la population Lugbara aux confins de l'Ouganda, du Soudan et du Congo belge « était suffisamment éloignée et inconnue [...] elle constituerait une excellente première occasion d'étude où je pourrais apprendre mon métier ». Il ajoute que, rétrospectivement, il reste étonné par son absence de préparation malgré l'enseignement rigoureux et complet reçu de six des plus brillants anthropologues de l'époque : « Ils croyaient tous que la meilleure manière de former un jeune anthropologue était de lui apprendre la matière et de ne pas s'inquiéter des techniques en tant que telles » (1970, p. 3).

6. Lire « L'enquête orale en ethnologie », *Revue philosophique*, 10-12 oct.-déc. 1952, pp. 537-553, et *Méthode de l'ethnographie*, Paris, PUF, 1957. Pour une perspective critique de ces méthodes, on se reportera à J. Clifford (1996) et A. Doquet (1999).

réflexion sur ce point (notamment les implications du contrôle de la production des données sur le terrain pendant l'enquête) est superflue ou seulement épistémologique au sens abstrait et préalable du terme.

Les anthropologues d'inspiration anglo-saxonne s'interrogent plus significativement sur la révolution malinowskienne (Raymond Firth, 1957 ; Ian Jarvie, 1964) et sur le métier d'anthropologue. Ainsi, deux ouvrages collectifs font le point, en 1967, sur le métier (au sens artisanal du terme) de l'anthropologie sociale (A. L. Epstein) et sur le terrain (D. G. Jongmans et Peter C. W. Gutkind). Ce dernier ouvrage comprend déjà une bibliographie de 350 titres significatifs.

Les anthropologues américains réagissent, quant à eux, de manière plus pragmatique et proposent parfois des alternatives radicales[7]. Cela n'empêche pas la critique politique et culturelle de se transformer, sous l'influence du postmodernisme philosophique d'origine française, en critique textuelle au cours des années 1980. Le point de départ provient d'une bonne intention : restituer sous les textes la vérité des voix indigènes qui fondent l'autorité (textuelle, donc anthropologique, par conséquent professionnelle et institutionnelle). Mais la critique s'enlise dans des lectures de plus en plus stylistiques et littéraires d'où le terrain et surtout l'enquête semblent disparaître définitivement. L'« anthropologiquement correct » est idéologique et non pratique (Geertz, 1996). Mais la « recapture de l'anthropologie » est en marche (Fox, 1991). En France, depuis presque vingt ans, Gérard Althabe nous démontre que c'est sur le terrain et dans le mode même de l'enquête que se forge l'identité des objets de l'anthropologie. C'est la manière d'envisager l'enquête qui construit l'objet et non l'inverse (1992). Enfin, tout récemment, Akhil Gupta et James Ferguson nous proposent de repenser la notion de terrain, de lieu « local » pour adopter une pers-

7. Voir l'ouvrage collectif au titre significatif publié par Dell Hymes, *Reinventing Anthropology*, New York, Vintage Books, 1974. On retiendra par exemple l'article de L. Nader qui invite à étudier les catégories sociales dominantes ou celui du linguiste K. Hale qui insiste sur le rôle du savoir indigène dans l'analyse des cultures et des langues. Une partie de ces réactions a été suscitée par les engagements politiques du mouvement pour les droits civiques (pour les Noirs et les Indiens), par la lutte contre les implications militaires et répressives des États-Unis en Asie du Sud-Est et en Amérique latine, et par l'utilisation de l'anthropologie à des fins de renseignement policier et contre-insurrectionnel.

pective en terme de site ou d'emplacement (*location*) [1997]. Marc Augé nous avait déjà mis sur la piste de ces nouveaux « terrains » baptisés de « non-lieux » pour la circonstance (1992). L'intégration de longue durée à une communauté ne peut plus être un modèle car une telle conception du terrain avec ses frontières et son territoire ne correspond plus aux modalités de plus en plus mobiles et délocalisées de l'enquête ethnologique.

3. TÉMOIGNAGES, RÉCITS MÉTHODIQUES, GUIDES PÉDAGOGIQUES : QUELLES LEÇONS TIRER DU TERRAIN POUR QUELLE FORMATION ?

Le silence à propos du terrain est relatif et non absolu. La qualité des différents documents et textes rattrape amplement leur caractère dispersé et peu reconnu. Mais la tentation littéraire d'inventer le terrain est forte. L'ethnologue et son terrain sont le prétexte à une fabulation romanesque et il existe des romans ethnologiques qui décrivent des sociétés[8]. Les mémoires constituent ensuite la production la plus symbolique et la plus populaire. La collection « Terre humaine » (aux éditions Plon) comprend aujourd'hui au moins une douzaine de récits de ce genre. Le rapport au terrain, la vie sur le terrain sont au cœur de ces ouvrages qui constituent souvent de superbes textes de vulgarisation ethnologique et même ethnographique. Le romantisme, l'humour, le commentaire philosophique, l'histoire anecdotique définissent autant d'états d'esprit dont on ne sait s'ils sont le produit de traits de caractère ou d'expériences éprouvantes. Ces œuvres égocentrées où l'ethnologue prend le pas sur l'Autre reflètent d'abord une transcendance bien française mais, aujourd'hui, l'un des auteurs au succès le plus flagrant est un anthropologue britannique, Nigel Barley, qui a su transformer ses maladresses et son masochisme en une ironie ethnologique parfois mal comprise et ambiguë (1992, 1997).

8. Voir d'une part Frank Parkin, *Krippendorf's Tribe* (Londres, Collins, 1981), et de l'autre les romans historico-ethnographiques de Philippe Laburthe-Tolra, *Le Tombeau du soleil*, Chroniques bendro 1807-1845 (Paris, Odile Jacob, 1986), et *L'Étendard du prophète,* Chroniques peule 1818-1852 (Paris, Odile Jacob, 1989).

Le cas du journal d'enquête de B. Malinowski (1985) est particulier puisqu'il relève du domaine véritablement intime et que sa publication n'était pas prévue par l'auteur. La confrontation de ce texte avec *Les Argonautes du Pacifique* a été faite par G. Stocking Jr. qui éclaire la fabrication littéraire et idéologique du terrain (1983) ainsi que par James Clifford (1996) et Clifford Geertz (1996). On débouche alors sur un autre genre, l'autobiographie ou la biographie, dont Margaret Mead (1972) et sa fille, Catherine Bateson (1989) nous ont donné un exemple. Citons enfin le cas d'une écriture parallèle du journal de l'ethnologue et de son époux écrivain[9].

Parallèlement à cette réécriture se sont développés à des fins pédagogiques, surtout aux États-Unis, des ouvrages collectifs plus ou moins thématisés de mémoires et une littérature analytique de l'exercice pratique du terrain. De nombreux articles complètent cette bibliographie qui s'enrichit et s'approfondit parce que cette introspection méthodologique est elle-même devenue une tradition et aussi l'objet d'une demande pédagogique. La standardisation, la contextualisation, la mise en perspective psychologique, politique et bien entendu théorique et méthodologique restent au niveau des généralités biographiques puisque ces textes sont bien moins longs que les mémoires mentionnés plus haut. Cette littérature débouche rapidement sur le manuel, voire le guide d'enquête. Le relativisme des terrains, de l'âge et du genre domine : les répétitions sont nombreuses mais cette évidence conforte la tradition, même si les mécanismes plus subtils du terrain relèvent, depuis vingt ans, de lectures postmodernistes qui s'attachent à les débusquer dans le texte monographique. Il s'agit là d'une tradition d'abord américaine où se sont illustrés Clifford Geertz (1986), George Marcus et Michael M. Fischer (1986) et James Clifford (1996). Mais aujourd'hui cette lecture au second degré est également française comme le confirment les analyses de Jean-Pierre Olivier de Sardan (1995, 1996), Gérard Lenclud (1992) ou Alban Bensa (1996). Mais leur point de vue évite le caractère idéaliste de la position dite postmoderne, bien au contraire.

9. Alma Gottlieb et Philip Graham, *Parallel Worlds – An Anthropologist and a Writer Encounter Africa*, Chicago, Chicago University Press, 1993. Le terrain est chez les Beng du Nord-Ouest de la Côte-d'Ivoire.

Une enquête de terrain en film*

Il s'agit là d'un des rares films dont l'objet est explicitement l'exposé des modalités et problèmes du travail de terrain de l'ethnologue. Maurice Godelier y explique à la fois le contenu du projet anthropologique (au cours d'un entretien découpé au cours du film), la nature de la société étudiée (les Baruya de la Papouasie Nouvelle-Guinée) et le déroulement de son enquête proprement dite. L'ethnologue s'intéresse donc à l'agriculture (et au défrichage des terrains, très en pente), à l'économie domestique et d'échange (les barres de sel), aux contraintes du changement (introduction d'outils modernes comme la hache de fer ; migrations en tant qu'ouvriers saisonniers vers les plantations des basses terres ; prosélytisme missionnaire protestant envahissant, etc.). Le cinéaste filme l'ethnologue en train d'enquêter : mesures des parcelles et du temps de travail, pesage de la production des patates douces, entretiens avec des informateurs dans sa case. On assiste également à une séance exceptionnelle de décontamination rituelle à laquelle l'ethnologue doit se soumettre après sa visite, en théorie interdite (du moins elle l'est pour les hommes baruya), à la hutte où les femmes s'isolent lors de leur période de menstruation.

Maurice Godelier reconnaît aujourd'hui, trente ans après ces premiers séjours, que la société baruya a totalement changé et ne ressemble plus à celle de ce passé pourtant pas très ancien (entretien personnel en 1998). Mais cette image concrète du travail de terrain reste un témoignage précieux de ce que font ordinairement les ethnologues dans n'importe quelle situation.

---

* *To Find the Baruya Story*, Allison Jablonko, 1982, couleur, 64 minutes (disponible à CNRS Audiovisuel).

Au-delà de ces instruments d'analyse se pose la question de leur transposition concrète et opérationnelle. Les manuels américains mentionnent le terrain comme un ensemble des figures 1, 2 et 3 (voir les quatre figures mentionnées au début de ce chapitre), les manuels français insistant davantage sur les figures 1, 3 et 4, mais dans l'ensemble l'enquête reste un non-dit. L'expérience pédagogique a produit ses propres réflexions mais elle ne concerne en général que les terrains immédiats et pour ce qui est du cas français, les terrains français. Les stages ne sont pas des séjours : les caractéristiques de la temporalité et de l'insertion jouent peu. L'exotisme sociologique existe également mais il ne présente pas la force absolue d'un terrain lointain, *autre*, dans toutes ses composantes. C'est ce que reconnaît Morton Fried dans son exposé sur l'enseignement de l'anthropologie aux États-Unis (du cours introductif de première année au doctorat) : la nécessité du choc culturel lui semble toutefois indispensable et il fonde le recours au terrain sur cette épreuve mentale et intellectuelle (1972). L'enquête ethnologique universitaire de terrain, pour l'appeler par son nom, ne peut au mieux qu'être une forme d'ethnographie sociologique. C'est mieux que rien mais ce n'est que l'un des cas possibles. De plus les frontières traditionnelles entre sociologie et ethnologie sont telles que cette expérience semble autant ethnologique que sociologique. En un sens cette identification est une bonne chose mais elle remet en cause le sens historique des figures exposées plus haut car la tradition de ces dernières reste éminemment exotique. D'autant qu'il existe un débat au sein de l'anthropologie pour savoir lequel de l'objet ou de la méthode fonde la tradition (Testart, 1986).

2

LES TYPES D'ENQUÊTES

1. LONGUE DURÉE, EXHAUSTIVITÉ, MONOGRAPHIE

Le postulat d'une différence historique, et peut-être raciale, entre notre société et les autres sociétés est évidemment au cœur de l'ethnologie à sa naissance et du regard anthropologique qui en découle sur le monde et sur les cultures. Les théories philosophiques, historiques et sociologiques qui élaborent cette notion au cours du XIXe siècle sont très nombreuses mais aussi très contradictoires. Les réflexions anthropologiques de cette époque sont de même genre mais elles insistent surtout sur la comparaison et le classement de ces sociétés entre elles. Malgré une muséographie et une ethnographie encore de seconde main et très hétérogènes, les perspectives ethnologiques et anthropologiques adoptent une perspective globale et générale qui compare d'abord des sociétés (ou des principes de sociétés) et donc des totalités culturelles. La monographie s'avère être le meilleur moyen de produire un inventaire apparemment systématique des éléments ou traits de cette totalité. L'obligation de totalité, à la fois théorique et empirique (mais à la manière des naturalistes), informe par conséquent les premières démarches de terrain qui doivent s'attacher à *tout* relever, cette notion de totalité étant par ailleurs très idéologique. Rappelons que cette conception renvoie également à la nature intrinsèque supposée de ces sociétés : communautaires, de petite taille, « authentiques ».

La qualité de l'ethnographie dépend donc de la qualité et de l'exhaustivité maximale de l'information recueillie, et par conséquent de la durée du séjour. C'est justement là que réside l'avantage des hommes dits de terrain de longue durée : commerçants, missionnaires, administrateurs et officiers militaires. Le modèle du séjour, du séjour de longue durée, préexiste à l'expérience ethnologique de terrain : c'est parce qu'ils connaissent le terrain que ces interlocuteurs sont fiables aux yeux de l'ethnologue de cabinet (Mauss, 1969).

L'allongement de la durée de présence s'explique néanmoins par d'autres facteurs : un sentiment de sécurité physique lié à une pacification des territoires par une autorité extérieure, la maturation de perspectives théoriques totalisantes plus centrées sur l'homogénéité interne que sur la comparabilité externe puisqu'il suffirait de bien connaître une seule société pour en construire l'altérité culturelle. La tendance monographique s'en voit ainsi confortée, au sein d'une problématique plus synthétique et organisationnelle, qu'elle se réclame des logiques culturelles (États-Unis) ou des fonctions et des organisations sociales (Grande-Bretagne). La réflexion ethnosociologique du tournant du XXe siècle est décisive pour comprendre les prémisses d'une évolution disciplinaire qui va prendre une certaine autonomie.

2. Situations des ethnologues et déroulement de l'enquête

La durée de l'enquête n'est pas la temporalité de la vie culturelle et sociale locale. Elle possède à priori des contraintes matérielles, humaines, financières ou administratives qui n'ont rien à voir avec les rythmes et les obligations de la communauté d'accueil[1]. Il y a donc un apprentissage et une adaptation à ces contraintes locales : périodes de l'année, emploi du temps journalier et quotidien (diurne et nocturne), occupations plutôt masculines ou féminines, activités publiques, privées, secrètes et interdites, ou permises. Bref, l'ethnologue doit s'adapter à plusieurs niveaux de temporalité, de sociabilité et se débrouiller pour les maîtriser progressivement. La première de ces obligations sociales étant le respect des hiérarchies et des valeurs locales, de l'étiquette sociale et sexuelle. Mais il existe un préalable à toutes ces obligations et c'est la maîtrise linguistique de langues totalement inconnues[2]. La durée des séjours s'en trouve

1. J'utilise le terme de « communauté » pour désigner la collectivité empirique, à l'organisation formelle quelconque (bande, village, famille), qui accueille (pourrait-on dire recueille ?) de fait le chercheur.

2. En un siècle le nombre de langues « orales » plus ou moins complètement décrites a évidemment augmenté considérablement. Par ailleurs, l'ethnologue rencontre de plus en plus d'interlocuteurs multilingues qui connaissent plus ou moins bien une langue officielle ou vernaculaire.

allongée d'autant puisqu'il faut au minimum plusieurs mois pour comprendre les autres et se faire comprendre d'eux[3]. Ces mois ne sont pas totalement perdus pour le recueil de données de terrain, ne serait-ce que par l'observation d'activités techniques ou quotidiennes anodines. Familiarisation des lieux et des visages, apprentissage linguistique, expérimentation des comportements «efficaces», observation et description des pratiques culturelles ordinaires permettent de parfaire l'image de l'étranger-ethnologue et de définir sa personnalité. Le caractère expérimental du terrain se dévoile à ce moment-là, puisqu'il faut «limiter les dégâts» et engager en quelque sorte une enquête en aveugle tout en infléchissant un projet par définition ambitieux et impossible (tout savoir sur tout). Cette période déambulatoire – exploration de l'environnement et de l'habitat, mesure des distances et de la temporalité des activités «publiques» – s'explique par la volonté d'ubiquité de l'ethnologue qui ne peut contrôler le déroulement de son enquête concrète selon ses souhaits ou selon la logique de son schéma théorique et problématique. Puisque tout est nécessaire mais que tout se déroule d'abord à l'improviste (les phénomènes inconnus sont imprévisibles pragmatiquement), il faut «faire flèche de tout bois», et recueillir tout ce dont on est le témoin ou même l'acteur involontaire[4]. Puis les temporalités régulières ou exceptionnelles s'imposent: ce sont les cycles annuels ou pluriannuels de production, les événements sociaux récurrents et périodiques (fêtes familiales, collectives, rituels, etc.), les cérémonies communautaires ou «tribales», politiques. Il faut en découvrir l'existence, en prévoir «la couverture ethnologique» (y compris au plan de l'enregistrement sonore, photographique ou filmique), en noter les interactions et les énonciations, en enregistrer les traditions et les interprétations. À ces événements plus ou moins prévisibles dans leur déroulement linéaire s'ajoutent enfin (devrait-on dire d'abord?) les conflits et les crises, matrimoniales, foncières, hiérarchiques, militaires, extérieures par définition, qui suscitent une mobilisation de tous les instants mais qui peuvent aussi se retourner contre l'ethnologue, pris à témoin, propulsé aux fonctions d'arbitre ambigu ou, au contraire, accusé de responsabilités écrasantes et du coup expulsé de la communauté.

---

3. La question des interprètes-traducteurs-enquêteurs sera abordée aux chapitres 4 et 5.

4. D'où le caractère indispensable de la tenue d'un journal de bord qui note le détail de ce quotidien. Il ne faut pas le confondre avec le journal personnel ou intime qui enregistre les sentiments, émotions et réactions de l'ethnologue.

Ces événements[5] sont parfois la cause de séjours plus courts, de retours complémentaires (la fête dogon du Sigui tous les vingt ans ou les cérémonies d'initiation des Baruya de Nouvelle-Guinée), voire d'enquêtes spécifiques, qui organisent leur problématique à partir de ce qui est perçu comme un fait social total. La nature des terrains, le rôle déterminant de la personnalité, du caractère, de la formation de l'ethnologue font que cette individualisation est également une personnalisation, car non seulement le rapport au terrain n'est pas neutre mais l'asymétrie de sa socialité (un ethnologue seul face à des individus, à des groupes et à leurs représentants) impose un surinvestissement et une surreprésentativité imaginaire que l'ethnologue finit par prendre au sérieux. Les anthropologues américains des années soixante-dix affectionnent la mise en valeur de cette sociologisation : hommes seuls, femmes seules, couples uni ou bi-ethnologues, parents avec enfants, mères (ou pères) « célibataires » avec leur progéniture. En définitive, la personnalisation peut être plus culturelle qu'individuelle au strict sens du terme. Elle pose néanmoins toutes les questions élémentaires évidentes quant à la scientificité innée et implicite d'un rapport générique et social de ce genre.

3. Représentativité historique et sociale du terrain

En effet l'enquête ethnologique soumise aux spécificités de l'objet, aux particularités et originalités des lieux et aux idiosyncrasies des ethnologues semble interdire toute représentativité au terrain dans son sens large et surtout toute scientificité à ses pratiques. Ce débat est vieux comme la discipline : d'un côté, la mise en accusation du défaut d'ethnographisme et de descriptivisme, plat, soi-disant objectif et sans présupposé théorique et conceptuel ; de l'autre, le délire théorique d'une imagination anthropologique qui n'arrête pas d'occulter la variété des niveaux d'étude pour subsumer une culture sous les traits d'un individu et un seul, typique, celui

5. Cette notion d'événement mériterait à elle seule de longs développements car elle renvoie à une forme d'historicité plutôt propre aux sociétés occidentales ou occidentalisées.

justement que l'ethnologue a eu la chance de « rencontrer par hasard » sur le terrain[6]. La prétention scientifique d'une discipline ne se fonde ni sur la spécificité irréductible de l'empirie (à chaque type de réalité correspondrait son projet scientifique) ni sur la logique conceptuelle de la théorie pure. L'adéquation du terrain au réel, la mise en corrélation des réels de l'ailleurs et de ceux de l'ethnologue, le traitement de l'ensemble de la démarche de l'enquête et de ses objets comme une production sociale justiciable à son tour de ce regard et de cette déconstruction fondent la possibilité d'une double distanciation qui, après avoir relativisé l'ordre des cultures, relativise l'ordre des savoirs à leur propos. La connaissance sociale est historique et, plus que toute science sociale, l'ethnologie et l'anthropologie ont vécu pendant longtemps d'abord sur une historicité imaginée (évolutionnisme, diffusionnisme) puis sur la négation de toute historicité (fonctionnalisme, structuralisme). Cette dualité avait même envahi le paradigme marxiste qui se voulait pourtant critique des décennies fonctionnalistes. La reconnaissance de l'historicité sociale de la discipline passe par des cheminements et des détours insoupçonnés, mais s'il y a un progrès dans ces disciplines c'est là qu'il se situe, dans cette tendance à articuler de plus en plus précisément le double mouvement de l'objet et de son observation. L'inversion des altérités, l'implication de l'ethnologie dans la construction volontaire de l'identité indigène ou autochtone obligent le regard à se retourner sur son propre produit, sur l'histoire sociale de lui-même (M. Agier, 1997). Cette critique autocritique n'est pas une objectivation absolue, qui d'ailleurs n'existe pas, mais elle est ce qui s'en rapproche le plus. Les historicités mondiale, locale, individuelle de l'enquête se chevauchent mais ne se confondent pas.

4. Temporalités de l'enquête et revisites

La méthodologie ethnologique peut d'ailleurs élaborer une temporalité propre à l'enquête. En morcelant les étapes du terrain, en prenant comme critère d'exercice la temporalité elle-même. Il y a d'abord des pré-enquêtes : une phase exploratoire qui cherche à identifier le lieu idéal du terrain. Le

6. Une bonne partie de l'œuvre ethnologique se donne pour tâche de transformer les hasards aléatoires de la rencontre, de l'occurrence et de la confidence en une évidence du sens et de la nécessité culturelle.

premier retour sur le terrain se fonde alors sur une réalité circonscrite et préconstruite, comme ces camps successifs qu'installent les alpinistes dans leurs ascensions himalayennes. Un premier terrain peut d'ailleurs en engager d'autres, des retours plus ou moins périodiques, qui enrichissent les données et permettent de les corriger. Et puis il y a le retour « vingt ans après », avec la surprise programmée des modifications évidentes ou subtiles. Parfois il s'agit plus d'une visite que d'un séjour de terrain proprement dit, mais l'ethnologue reste ici le maître de ses découvertes[7].

Le cas le plus original est celui de la revisite d'un autre terrain. Ainsi le village mexicain de R. Redfield, les îles Samoa de M. Mead ou les Nuer d'E. E. Evans-Pritchard furent-ils l'objet de nouveaux terrains aux résultats très contradictoires avec les premiers (voir chapitre 3). La revisite aujourd'hui est plus souvent textuelle que géographique mais les conditions de l'exercice de terrain n'étant pas réunies, il me semble difficile de considérer ces travaux, pourtant critiques et utiles, comme un équivalent de recherches empiriques avec tout ce que cela implique.

Aujourd'hui, toute enquête a comme point de départ un patrimoine informatif conséquent, aux qualités relativisées et critiquées, et la plupart des enquêtes même initiales se déroulent dans un contexte ainsi préparé, à la différence de celles d'il y a trente ou soixante-dix ans. L'innovation n'est plus le produit brutal du seul séjour de terrain de longue durée.

5. L'ENGENDREMENT DU GENRE FACE AU TERRAIN

Pourtant il y a une forme de revisite, d'abord théorique, puis empirique et enfin pratique, qui risque de remettre en cause beaucoup d'acquis ou de connaissances considérées comme acquises de la discipline. Cette revisite n'en est pas une au sens strictement technique du terme puisque ce type d'enquête a déjà une longue histoire, une histoire toutefois plutôt personnalisée sans connotation épistémologique. Je veux parler ici du genre de l'enquête et plus précisément du sexe de l'ethnologue de terrain. L'ethnologie

7. Voir Claude Pairault, *Retour au pays d'Iro. Chronique d'un village du Tchad*, Paris, Karthala, 1994.

comme la plupart des sciences sociales, liées peu ou prou à une morale du social, est une science masculine. La difficulté exotique a évidemment accru cette caractéristique avec son lot habituel d'exceptions[8]. Certes, le genre féminin n'apporte pas de révolution en soi dans la nature occidentale du regard anthropologique. On peut même penser que la libération professionnelle de la femme ne conduit pas automatiquement à une perspective féministe et les remises en cause de la masculinité ethnologique ont plus porté sur les interprétations, voire sur l'écriture, que sur le déroulement même de l'enquête de terrain. La bipartition du monde culturel «ethnologique» est pourtant un lieu commun mais un grand nombre de monographies parlent des femmes au second degré, comme c'était le cas il y a encore une trentaine d'années. L'anthropologie américaine a été très sensible depuis longtemps à la revendication féministe qui s'est manifestée autant au plan de théories globales discutables (le matriarcat) que du renouvellement de la plupart des thématiques empiriques. Dès les années soixante-soixante-dix le terrain féminin a droit de cité aux États-Unis et la bibliographie sur cette question est très riche.

6. Regards croisés et indigénisation

Pour être parfaitement complets nous devons évoquer ce que l'on pourrait appeler les «terrains croisés», comme l'observation des observateurs chez eux par les descendants des «observés». Ce cas n'est que le sous-produit d'une recherche de terrain classique mais l'élucidation du statut et des rapports des ethnologues ou chercheurs vous ayant précédé est souvent une démarche nécessaire afin de faire admettre le droit à une nouvelle recherche de terrain.

L'illusion de la réciprocité mise en exergue par A. Le Pichon[9] est le résultat d'une histoire française singulière. Aux États-Unis, plusieurs cas célèbres témoignent d'expériences similaires menées au cours des années soixante. Citons le cas de l'ethnologue T. N. Panda, originaire de l'Inde, travaillant chez les Indiens Zuñis et Pueblos du sud-ouest des États-Unis[10].

---

8. La préoccupation féministe n'est pas la marque principale des premières femmes de terrain, à l'exception probable d'une Margaret Mead.

9. *Le Regard inégal*, Paris, Jean-Claude Lattès, 1991.

10. «Anthropologists at Zuni», *Proceedings of The American Philosophical Society*, 116, 1972, pp. 321-337.

Cette tradition indienne est ancienne puisqu'elle semble posée dès les années cinquante avec des ethnologues indiens travaillant au Sri Lanka, au Japon ou en Zambie (M. N. Srinivas *et al.*, 1979). Cette exportation de la tradition britannique au second degré ne se retrouve malheureusement pas dans les anciennes colonies d'Afrique du Nord ou d'Afrique noire : jusqu'à aujourd'hui encore, l'ethnologue y est vu au travers du prisme anticolonial qui lui dénie toute pertinence. Le cas le plus complexe est certainement celui de l'Afrique du Sud où l'ethnologie afrikaner, assimilée à juste titre à une instrumentation au bénéfice de l'apartheid, implique une africanisation (à tous les sens du terme) des chercheurs encore difficile à instituer.

7. Dialectiques multipolaires des terrains

Aujourd'hui, l'anthropologie est multipolaire et transnationale non seulement par ses pratiques mais aussi par ses objets : les migrations internationales, les mélanges culturels imposent la recherche nécessaire et coordonnée de plusieurs terrains séparés physiquement et au statut traditionnellement différents. Ainsi, C. Neveu étudiant les Bangladeshis de Londres travaille simultanément sur le quartier de Spitafields et sur la ville de Stylhet au Bangladesh, ou encore C. Quiminal passe des foyers parisiens pour immigrés maliens aux communautés des bords du fleuve Sénégal[11]. De manière tout aussi dialectique mais plus concentrée, l'ethnologue fera l'aller et retour entre l'entreprise industrielle, les quartiers ouvriers d'Amiens et les villages et lotissements périurbains, ou un autre étudiera la recomposition d'une communauté hmong d'origine vietnamienne en Guyane et le rôle de conservatoire traditionnel qu'elle joue auprès de tous les exilés de cette minorité vietnamienne, qu'ils vivent en France ou encore aux États-Unis[12].

---

11. Voir *Communauté, nationalité et citoyenneté. De l'autre côté du miroir : les Bangladeshis de Londres*, Paris, Karthala, 1993 et *Gens d'ici, gens d'ailleurs – Migrations Soninke et transformations villageoises*, Paris, Christian Bourgois, 1991.

12. Pour le premier terrain, lire : Christian Marcadet, « Promotion et précarité », in G. Althabe *et al.*, *Urbanisation et enjeux quotidiens – Terrains ethnologiques dans la France actuelle*, Paris, Anthropos, 1985, pp. 113-150 ; Monique Selim, « Travail, distance sociale, résidence », *Terrain*, 3, oct. 1984, pp. 5-19. Pour le second, lire : Marie-Odile Géraud, *Regards sur les Hmong de Guyane française. Les détours d'une tradition*, Paris, L'Harmattan, 1996.

L'internationalisation des terrains a toujours été une donnée de l'ethnologie. Certains ethnologues ont même pu intégrer cette dimension par l'expérience de plusieurs terrains culturellement différents au cours de leur carrière personnelle. Le cas du Norvégien F. Barth est probablement exemplaire à ce propos car il a produit des monographies sur les Kurdes d'Irak, les Swat du Pakistan, les Basséri d'Iran et les Baktaman de Nouvelle-Guinée (1959, 1975). O. Lewis, de son côté, est passé du Mexique à Porto Rico puis à New York (1959, 1966, 1969). Une telle pratique plurielle reste exceptionnelle pour de nombreuses raisons personnelles ou institutionnelles, même s'il est admis aujourd'hui de pratiquer successivement un terrain exotique et un terrain occidental moderne, comme l'ont fait M. Abélès ou Y. Delaporte (Ochollo d'Éthiopie, Morvan et Parlement européen pour le premier; entomologistes amateurs français et Lapons de Norvège pour le second[13]). Mais de nombreux terrains se recomposent à cause de la multiplicité des figures qu'ils imposent, tant aux plans résidentiels que professionnels ou encore religieux. Le refus des découpages sous-thématiques et sous-disciplinaires fait donc éclater le terrain qui devient celui – original – du lien entre tous les terrains possibles. Ainsi A. Appadurai évoque la recherche d'une anthropologie transnationale, cosmopolite, des paysages ethnographiques globaux (1991).

13. Voir, pour le premier: *Le Lieu du politique*, Paris, Société d'ethnographie, 1983, *Jours tranquilles en 89 – ethnologie politique d'un département français*, Paris, Odile Jacob, 1989, et *La Vie quotidienne au Parlement européen*, Paris, Hachette, 1992. Et pour le second: « D'un terrain à l'autre – Réflexions sur l'observation participante » in Colette Pétonnet et Yves Delaporte (sous la direction de), *Ferveurs contemporaines – Textes d'anthropologie urbaine offerts à Jacques Gutwirth*, Paris, L'Harmattan, 1993, pp. 321-340.

3

L'OBSERVATION PARTICIPANTE

L'anthologie serait aisée à composer et pourtant elle n'existe pas en langue française. Certes la collection «Terre humaine» accueille depuis plus de quarante ans des ouvrages qui témoignent des réalités conjointes du terrain et de l'enquête de terrain. Ces récits mêlent, avec plus ou moins d'art, la description monographique, le témoignage social et l'autobiographie ethnologique. Le genre s'en est institutionnalisé avec le temps mais il reste terriblement personnalisé et littéraire. Les anthropologues américains valorisent plutôt des recueils thématiques où le récit se veut tout aussi subjectif mais plus ordinaire, plus professionnel et méthodologique (G. Spindler, 1970; P. Golde, 1970; N. Chagnon, 1974). Il n'y a aucun doute qu'en trente ans les récits et comptes rendus de terrain sont devenus un genre en soi. Ils se sont même métamorphosés à leur tour en terrains, textuels cette fois-ci, qu'il convient de décoder parce qu'ils euphémisent la pratique sociale de l'enquête et la transforment en métaphore. L'écriture *du* terrain, à distinguer de ce qu'on pourrait appeler l'écriture *de* terrain, notes, journaux et autres carnets de bord, est aujourd'hui un élément intrinsèque de la définition du terrain et du projet anthropologique tout entier. On a même la nette impression que, pour certains anthropologues, la finalité du terrain est devenue le seul récit de la réalisation de ce dernier et non la collecte de données empiriques.

1. LE TERRAIN : LE POIDS DES MOTS, LE CHOC DES PHOTOS ?

De même que l'ethnologue dépend peu ou prou de la bonne volonté, passive ou active, de ses hôtes, interlocuteurs, informateurs, le lecteur (ethnologue, apprenti ethnologue, non-ethnologue) dépend de la qualité de l'écriture et du hasard de ses lectures pour se faire une idée, un tant soit peu concrète, de ce même terrain. Ballotté entre une confession crue, des petites histoires apparemment anecdotiques ou des silences troublants, des mensonges par omission, des images héroïques et d'Épinal, le lecteur des monographies et des récits de terrain doit adopter à son tour l'attitude voyeuriste dont on fait tant reproche aux ethnologues. L'enquêteur, détective scientifique des us, coutumes et cultures, se dédouble en critique littéraire ou psychanalyste par obligation technique. L'ethnologie en devenant texte réduit les pratiques de l'enquête à de simples *pré*-textes : le lecteur qui souhaite toucher le réel du doigt rencontre ainsi une difficulté supplémentaire. Il faut qu'il se hisse sur la pointe des pieds pour essayer de lire directement le terrain par-dessus l'épaule de l'ethnologue devenu écrivain. En insinuant que l'observation participante est plus un effet d'écriture (ce qui n'est pas faux) que de pratique, certains ethnologues assignent une valeur heuristique à ce qui n'était jusqu'alors que des signes pratiques, éventuellement méthodologiques, de la démarche d'enquête.

Ces réflexions historiques et épistémologiques sont à prendre en considération dès le début de toute enquête et, notamment, dès la déconstruction de la posture de l'observation participante qui reste l'idéal type de l'enquête de terrain. Car si la transcription de l'enquête devient problématique, c'est la démarche tout entière de l'ethnologie qui se trouve remise en cause. La première interrogation légitime porte ainsi sur la nature de l'observation participante et sur la réalité empirique, quotidienne et technique du séjour de l'ethnologue. J.-P. Olivier de Sardan rappelle que « cette expression à forte connotation anthropologique [aurait] été inventée en 1924 par un sociologue, Lindeman, lié à l'École de Chicago » (1995, p. 76)[1].

---

1. Henri Peretz (1998, pp. 40-44) attribue plutôt cette expression à J. Lohman (1937). Pour Alain Coulon, l'observation participante à la manière de l'École de Chicago posséderait un caractère quelque peu mythique puisque seul un nombre restreint de recherches (au maximum 30 %) a correspondu de fait à une véritable immersion de longue durée sur le terrain. Il s'agit d'une démarche naturaliste employée simultanément avec d'autres méthodes socio- ou ethnographiques qui accorde un rôle important mais absolument pas exclusif à l'observation directe ou à l'enregistrement *in situ* des échanges verbaux (1992, pp. 94-107). N'oublions pas non plus les effets tirés d'une longue fréquentation des travailleurs sociaux et de groupes urbains très particuliers (immigrants pauvres, sans-abri, danseuses professionnelles, etc.). Jusqu'en 1929 les départements de sociologie et d'anthropologie n'en faisaient qu'un, et les deux disciplines bénéficiaient d'un important financement de la fondation Rockefeller. Enfin, une situation familiale bien symbolique s'y repère : Robert Park, l'un des piliers de l'École de Chicago, était le beau-père de Robert Redfield, l'initiateur de l'étude anthropologique des études de communauté (*community studies*) qui ouvriront l'anthropologie américaine aux terrains des paysanneries et des cultures de la modernité. Sur l'École de Chicago, voir Chapoulie, 2001.

Mais commençons par le commencement. Malgré toutes ses qualités, l'ethnologue de terrain ne peut effacer sa tare originelle : il est et restera un étranger[2]. Qu'il subisse les épreuves d'une initiation comme R. Jaulin (1967), qu'il prenne épouse ou ami à la manière du pays (Kulick et Wilson, 1995), qu'il assume un statut moderne « utile » (médecin, animateur d'ONG, enseignant, technicien, etc.), l'ethnologue n'est pas un indigène natif. Il a des préoccupations qui le reconduiront ailleurs, il n'est que de passage. Et pourtant les ethnologues tiennent à marquer un certain enracinement pour ne pas parler de l'insistance avec laquelle ils affichent leur amour pour leur patrie ethnologique (provisoire). Si la présence physique ne fait pas de doute, il ne reste plus qu'à en manifester la matérialité : au-delà des textes, les images parlent aussi. Ainsi, les anthropologues américains, et dans une moindre mesure les ethnologues français, illustrent leurs travaux de photographies de l'ethnologue au travail sur le terrain. Poses, instantanés, photos de circonstance, ces images sont devenues à leur tour des objets d'analyse ethnographique (voir Clifford, 1990).

2. Les étapes de l'observation participante

Mot à mot l'expression d'« observation participante » est un non-sens. L'observation implique peut-être la participation, c'est-à-dire la présence, mais encore faut-il qu'elle soit techniquement et socialement permise et possible. D'autre part l'observation n'est pas que visuelle, elle est aussi « auditive ». En fait l'écoute des interactions verbales, sans parler de l'enregistrement des entretiens suscités par l'ethnologue, occupe une part essentielle du temps de l'ethnologue qui, de plus, se doit de comprendre plus ou moins instantanément ce qui se dit, ce qu'on lui dit, ce qu'on dit de lui. C'est pourquoi l'observation, qu'elle soit participative ou passive, est, de par la présence même de l'observateur, un enjeu social, un prétexte à interpellation. L'observation sera donc participante parce qu'elle sous-entend la participation à la vie sociale, culturelle, rituelle telle qu'elle est, ce qui, par définition, introduit un second non-sens puisque l'observateur participant

2. Selon H. Powdermaker, l'anthropologue est à la fois un étranger et un ami mais pour M. Agar, il s'agit d'un étranger professionnel.

doit se faire accepter et établir des relations normales avec les autres « participants » qui n'ont aucune idée de ce qu'est et de ce que fait un ethnologue. Cette simple démarche confirme évidemment l'artificialité de sa présence et de sa volonté de participer pour tout simplement observer, écouter et comprendre.

L'échange qui s'ouvre alors engage l'ethnologue dans des rôles réels ou imaginaires, le plus souvent construits sur mesure et dont les effets derniers sont souvent imprévisibles. Par exemple, décrire ses propres coutumes pour se faire accepter (pour l'ethnologue) peut donner prise à un ridicule dépréciateur, à des quiproquos culturels complexes. Jouer le jeu conduit à se faire piéger, à participer en quelque sorte sans pouvoir observer et sans avoir le droit d'écouter. Bref, le slogan de l'ethnologie de terrain marque bien la volonté de « voir » directement et non spéculativement le social et le culturel, mais depuis les années vingt l'expérience internationale des ethnologues en a marqué les limites, les illusions et aujourd'hui les non-sens. L'observation participante n'est peut-être pas devenue un mythe pour autant, mais elle ne se pratique certainement plus tout à fait comme du temps de B. Malinowski en 1915, de Cl. Lévi-Strauss en 1936, de Cl. Meillassoux en 1958, de M. Augé en 1966 ou encore de M. Godelier en 1967. Laissant de côté les conditions administratives, diplomatiques et politiques d'accès au terrain (M. Gast et M. Panoff, 1986), passons rapidement en revue les trois moments typiques de tout séjour de longue durée : l'arrivée et l'installation, l'intégration et la routine, l'imprévu et la crise.

2.1 Arrivée et installation

Les décors et les situations sont variés à l'infini mais ces quelques lignes d'Alfred Métraux décrivant son arrivée « par un jour pluvieux de l'hiver austral, à la fin de juillet 1934 » pourraient constituer un script idéal : « Ce premier jour à l'île de Pâques restera à jamais gravé dans notre souvenir. Le vent, qui soufflait par rafales, faisait courir vers la terre de gros rouleaux et, près des récifs, la barre prenait des proportions de plus en plus inquiétantes. Les indigènes massés sur le rivage ne semblaient pas, au premier abord, disposés à venir à notre rencontre. » L'exotisme se révèle faux (les indigènes portent des casques à plumes mais c'est pour les vendre aux marins) et un informateur explique de but en blanc que, puisque l'ethnologue et l'archéologue s'intéressent aux objets anciens, on peut leur en fabriquer sans difficulté, ajoutant : « Chez vous, personne ne verra la différence » (1965, p. 19) !

Georges Condominas pour qui *L'Exotique est quotidien* connaît déjà le village de Sar Luk avant de s'y installer définitivement. Mais le lecteur sent le poids du monde extérieur au sentiment de libération qui envahit l'ethnologue à ce moment-là : « [...] je fus envahi par une immense joie : j'étais maintenant seul, à pied d'œuvre. Bref "dans le bain". Finis les atermoiements, les hésitations, la peur de l'échec, les craintes multiples, notamment celle d'avoir oublié la langue ! Désormais, je n'avais plus à me laisser distraire par des problèmes personnels ; je n'avais plus qu'un objectif : m'intégrer dans la société mnong gar, et, plus spécialement, dans celle de ce petit village, isolé dans l'immensité de la forêt » (1965, p. 233). L'arrivée est parfois plus problématique[3].

La phase d'installation fait déjà partie de l'enquête ethnologique. Il s'agit d'une série de comportements et de choix qui vont définir *pour les autres* les raisons de la présence, le statut social, voire l'essence culturelle d'un personnage par ailleurs ethnologue. C'est prosaïquement la fin provisoire d'un voyage, le déballage d'une espèce de déménagement, l'installation dans un lieu de séjour et surtout de travail.

Certes l'installation peut prendre du temps et impliquer des déplacements. E. E. Evans-Pritchard consacre plusieurs pages aux temps et contretemps (y compris ceux de l'apprentissage linguistique) qui émaillent ses tentatives d'installation chez les Nuer : il est vrai que la région est encore en voie de « pacification » et qu'il est perçu non seulement comme un étranger mais aussi comme un ennemi (1964, p. 28). Au total ce sont plus d'une demi-douzaine de séjours échelonnés sur six ans, totalisant en tout un an, qui sont à la base d'une des monographies les plus célèbres de l'ethnologie !

Denise Paulme décrit un autre contexte tout aussi colonial mais difficile à cause du caractère expéditionnaire de l'équipe de M. Griaule : « Outre le tournage d'un film pour lequel une sortie de masques eut lieu sur commande, la présence d'Européens trop nombreux et qui entendaient travailler vite bouleversait la vie du village. Les informations que je recueillis alors auprès d'enfants qui s'enfuyaient au moindre prétexte étaient sans intérêt,

3. L'histoire du premier contact avec le groupe Shamatari des Yanomani par N. Chagnon constitue à lui seul un chapitre d'aventures.

mises à part quelques devinettes. Je doutais sérieusement de mes capacités. Il fallut le départ de nos compagnons pour que la vie normale revienne. Alors seulement nous pûmes organiser notre travail… Le premier terrain est toujours un saut dans l'inconnu, l'épreuve de vérité… L'enseignement que j'avais reçu était théorique, je ne pouvais compter que sur moi-même et dus inventer une méthode de travail» (1977, pp. 8-9). Georges Condominas évoque, lui, longuement la question de son logement «qui fut résolue d'une façon assez heureuse pour [mon] travail d'observateur». En effet « […] loger chez l'habitant reste la meilleure solution en tournée ; mais le problème est différent lorsqu'on se fixe dans un village ; et je craignais que ma présence continuelle dans une même case ne finît par lasser ses habitants». Il occupera néanmoins la case de passage à l'invitation du chef de canton qui l'agrandit. Juchée sur pilotis, la case fait face au village et l'ethnologue en fait «[son] poste d'observation, [son] bureau » (1965, pp. 288-289).

De manière plus proche, Larry Wylie, anthropologue américain accompagné de sa famille, ne fait pas autrement lorsqu'il s'installe en septembre 1950 à «Peyrane» (Roussillon dans la réalité) dans le Vaucluse: «[…] nous y trouvâmes une maison stratégiquement si bien située que toute personne entrant ou sortant du village devait presque automatiquement passer devant chez nous.» À l'installation matérielle correspond évidemment une insertion sociale qui peut prendre des chemins détournés: «Ce ne fut pourtant pas comme professeur d'anglais que j'en vins à trouver ma place la plus naturelle parmi les gens de Peyrane. Un mois après notre arrivée, je sortis mon appareil photographique et j'allai prendre des photos des pompiers au cours de leurs exercices du dimanche matin. La semaine suivante, je faisais tirer un lot de photos à remettre à chacun des pompiers. À partir de ce moment, mon rôle était défini: j'étais le photographe du village» (1968, p. 18).

2.2 Intégration et routine

Les circonstances exceptionnelles du «premier contact» laissent plus ou moins la place à la routine de l'enquête, à la conduite répétitive et fastidieuse de l'observation participante, de l'enregistrement des conversations quotidiennes, des rendez-vous ou opportunités manqués (on verra les cas contraires plus loin), des entretiens fortuits mais pas forcément utiles et surtout de la sollicitation et de la curiosité constante des autres. Après tout l'ethnologue est seul et les « autres » sont nombreux !

Claude Lévi-Strauss, à la première page de *Tristes Tropiques*, décrit d'emblée l'horrible quotidien de l'enquête : « Faut-il narrer par le menu tant de détails insipides, d'événements insignifiants ? L'aventure n'a pas de place dans la profession d'ethnographe ; elle en est seulement une servitude, elle pèse sur le travail efficace du poids des semaines ou des mois perdus en chemin ; des heures oisives pendant que l'informateur se dérobe ; de la faim, de la fatigue, parfois de la maladie ; et toujours de ces mille corvées qui rongent les jours en pure perte et réduisent la vie dangereuse au cœur de la forêt vierge à une imitation du service militaire... Qu'il faille tant d'efforts et de vaines dépenses pour atteindre l'objet de nos études ne confère aucun prix à ce qu'il faudrait plutôt considérer comme l'aspect négatif de notre métier. Les vérités que nous allons chercher si loin n'ont de valeur que dépouillées de cette gangue. On peut certes consacrer six mois de voyage, de privations et d'écœurante lassitude à la collecte (qui prendra quelques jours, parfois quelques heures) d'un mythe inédit, d'une règle de mariage nouvelle, d'une liste complète de noms claniques [...] » (1955, p. 5).

La modernité urbaine de Brazzaville imposait déjà, il y a quarante ans, d'autres règles tout aussi indispensables, si l'on en croit Georges Balandier : « En diverses occasions j'ai dû donner rendez-vous à mes informateurs dans un bar-dancing de Poto-Poto. Nous y trouvions plus de liberté pour parler. Ce lieu à foules mélangées restait un excellent poste d'observation » (1962, p. 221).

Le quotidien de l'ordinaire ethnologique est donc divers et contradictoire : ce sont les terrains et les environnements qui dictent leur loi, qui redéfinissent chaque fois la distance et la proximité. Jean-Marie Gibbal l'explique très bien, un quart de siècle plus tard, en 1982 : « Mais il s'est tout de même produit une accumulation de sensibilité différente pendant les longues heures de l'enquête : celles passées dans les pièces confinées où se déroulaient les entretiens, celles consacrées aux nombreuses séances publiques, aux cérémonies de sacrifices, aux incursions en brousse avec les chefs de cultes, aux séances nocturnes d'initiations, enfin celles du difficile périple le long des pistes impraticables du pays soninké. De ces contacts prolongés avec l'Autre le retour au même se trouve perturbé. Il devient alors difficile de ne pas éprouver le sentiment d'étrangeté à toutes les formes de vie sociale de celui qui circule sur les passerelles les reliant les unes aux autres, au risque d'une perte non contrôlée de son identité» (1982, pp. 205-206).

On ne peut s'empêcher de penser à la fameuse comparaison entre les Azandé et les Nuer qu'élabore E. E. Evans-Pritchard dans son introduction aux Nuer, et qui semble définir les deux grandes attitudes possibles du métier d'ethnologue, l'observateur et le participant: «Cet assujettissement aux plus étroits contacts me valut une connaissance des Nuer plus intime que celle des Azandé, sur qui j'ai de quoi écrire une relation plus détaillée. Les Azandé ne me permettaient pas de vivre comme l'un d'entre eux; les Nuer de vivre autrement. Chez les Azandé, j'étais contraint de vivre hors de la communauté; chez les Nuer d'en être membre. Les Azandé me traitaient comme un supérieur; les Nuer comme un égal» (1964, p. 30).

2.3 «Imprévus» et crises

La routine «bureaucratique» peut être rompue involontairement, l'ethnologue n'ayant pas prévu ou «vu» ce qu'il était en train de faire. La situation devient plus grave lorsque ses comportements finissent par incommoder et que ses propres réactions excluent toute négociation: sa présence peut se trouver remise en cause. Il y a certainement plus d'erreurs et d'échecs que de réussites dans l'accommodement de l'ethnologue au terrain. C'est pourquoi ceux qui valorisent l'ennui font éventuellement le silence sur la prétention et le droit d'ethnologiser aux dépens du sentiment intime des populations concernées. D. Paulme évoque le malaise des Toma de Guinée face à la demande du cinéaste D. Gaisseau de subir les épreuves de l'initiation alors qu'il était évident que son équipe et lui «ne se fixeraient pas dans le pays pour y devenir "de vrais Toma". Il se trouva néanmoins pour la satisfaire des responsables du rituel, qui aménagèrent une session spéciale à l'usage des Européens (nous ne savons évidemment pas si elle fut conforme en tous points à la norme); mais la décision ainsi prise opposa les Toma entre eux, provoqua des troubles, un malaise grave et, pour finir, l'expulsion des intéressés» (1979, p. 15).

Les crises peuvent prendre une tournure tragique. Ainsi N. Chagnon tombe-t-il malade («15 minutes de repos; encore du travail; encore du repos») et pendant la nuit, soupçonneux, il balaye régulièrement le campement de sa lampe électrique. À un moment il éclaire un groupe d'hommes se dirigeant vers son hamac. Il apprendra un an plus tard que plusieurs Yanomami avaient eu l'intention de le tuer cette nuit-là. La forte implication de la personne dans les relations sociales de ce genre de société provoque quasi naturellement jalousies et défiances, mais aussi amitiés et soutiens. L'animosité peut déboucher sur le meurtre et sur la vengeance. L'ethnologue pouvait en effet apparaître comme un concurrent du chef à cause de ses ressources importantes et des redistributions qu'il assurait (des machettes notamment). Mais, selon N. Chagnon, les causes étaient plus «culturelles»: pouvant être considéré comme un égal du chef, toute mésentente devenait stratégique (1974, pp. 178-179 ; 196-197).

Au-delà du cas particulier et ultime de la fin de l'ethnologue, de sa mort sur et par le terrain, il y a plus ordinairement l'imprévu non programmé (non routinier) qui ralentit l'organisation d'une collecte systématique sur un thème donné. F. Boas n'écrit-il pas d'ailleurs, après le déroulement d'un potlatch: «On n'est jamais tranquille ici. Je serai content lorsque tout cela sera terminé», et il ajoute plus tard, lors de son voyage de retour: «Mon séjour n'a pas été du tout agréable à Fort Rupert bien que j'aie pu observer et apprendre beaucoup de choses.» En fait il a un programme de recherche dont il ne veut pas dévier. N'écrit-il pas dans une lettre en 1888 : «Demain je serai arrivé au point où je n'aurai plus de questions et il faudra que j'accepte d'être guidé par un Indien. Habituellement, à ce moment-là, une brève enquête devient sans intérêt» (R. Sanjek, 1990, pp. 201-202).

3. L'OBSERVATION PARTICIPANTE EXISTE-T-ELLE ?

L'observation participante relève d'une déontologie du métier d'anthropologue dans la mesure où les conditions successives de son exercice ont mis en lumière les contraintes implicites ou explicites du terrain (rôle des autorités administratives, coloniales ou bien «préjugés» théoriques et méthodologiques). Chaque génération a critiqué la précédente dans un grand désordre puisque les traditions nationales et les spécialisations des aires culturelles, pour ne citer que deux des contextes les plus déterminants, ont conduit à des périodisations, à des prises de conscience et à des réflexions méthodologiques distinctes et disjointes. L'éclectisme sommaire, subjectif et textuel, des exemples précédents confirme pragmatiquement une leçon de choses apparemment très peu principielle. J'aurais pu me limiter à un corpus américain ou britannique, à la période des fondateurs d'avant 1940, à celle de l'âge d'or des années quarante-soixante-dix, à l'expérience indienne (Srinivas *et al.*, 1979), ou encore aux nouvelles demandes de ce dernier quart de siècle. Le champ est bien trop vaste et dispersé pour fournir un corpus indiscutable, en tout cas en langue française, si pauvre encore une fois en références approfondies. Pourtant de grandes leçons pourraient être tirées, par exemple de *Tambours d'eau* de Jean-Marie Gibbal. Ce volume présente conjointement journal d'enquête et monographie ethnologique, mais c'est dans cette dernière que nous avons trouvé les réflexions méthodologiques les plus justes, les plus honnêtes : « Il paraît bien nécessaire de partir de l'idée que toute enquête ethnologique procède d'une spoliation doublée d'une trahison. » C'est pourquoi « [...] le chercheur ne doit pas hésiter à se soumettre au contrôle de ses amis informateurs, ce qui est toujours possible même si ces derniers sont illettrés » (1982, p. 197).

4. Le terrain revisité par un autre ethnologue ou par soi-même

La revisite peut faire penser de très loin à la reduplication et à la vérification d'une expérience ou manipulation de laboratoire par une autre équipe de chercheurs en physique, chimie ou biologie. Mais, en ethnologie, il s'agit en fait de quelque chose de tout à fait différent pour les trois raisons suivantes :
- les sociétés et les cultures sont historiques et leurs évolutions et transformations sont un élément intrinsèque de leur définition. Par définition, les sociétés ne se reproduisent ni ne se perpétuent à l'identique ;
- les ethnologues et anthropologues sont issus de formations et de contextes scientifiques, institutionnels, nationaux également variés qui empêchent, pour le moment du moins, l'apparition d'un consensus mondial autour d'un modèle unique d'application théorique et méthodologique ;
- enfin, le caractère contingent des rapports propres aux terrains et à la nature des objets étudiés fait que la configuration empirique de l'enquête est par nature impossible à standardiser.

Les cas de revisite explicite et assumée sont en fait rarissimes pour une série de raisons assez simples : les modalités de la recherche doctorale (sous l'égide d'un ethnologue reconnu), les règles de la compétition universitaire et des chasses (terrains) gardées, enfin l'extrême diversité des terrains qui offre la possibilité d'un choix infini, inédit et original. Pourtant l'idée d'un suivi du terrain est ancienne, notamment pour pouvoir y saisir les changements. Les conceptions fonctionnalistes et culturalistes des premiers anthropologues de terrain dans les années 1920-1940 avaient conduit ces derniers à la notion de revisite pour obtenir une perspective diachronique de leurs terrains. Cette « confrontation » des terrains a produit des innovations théoriques quant à la comparaison de cas significatifs, à la prise en considération de variations structurales, à la vraisemblance de l'histoire orale et de la mémoire individuelle, au rôle des événements historiques (par exemple la Seconde Guerre mondiale et l'occupation américaine des îles de l'Amirauté proches de celle de Manus étudiée par M. Mead en 1928 puis en 1953). G. K. Garbett explique bien, dans la conclusion de sa synthèse, que le plus difficile pour l'anthropologie reste l'étude des processus (1967).

Le cas le plus fréquent, et le plus évident, de revisite est celui du chercheur qui se contente de « suivre » son propre terrain pendant des années en y retournant plus ou moins régulièrement. Cette addition de séjours dans la longue durée finit par donner l'impression d'une enquête unique dont les épisodes successifs se chevauchent et se juxtaposent en une reprise et un approfondissement permanents. Mais la revisite volontaire longtemps après le premier séjour existe. Citons les cas de Robert Redfield qui étudie le village maya de Chan Kom au Mexique en 1931 et y retourne en 1948 pour découvrir une plus forte résistance que prévue aux dynamiques du changement, de Raymond Firth à Tikopia (îles Salomon) qui élabore un indice de continuité pour mesurer les permanences et les changements sur une génération (entre 1928 et 1953). Enfin, on pourrait citer les exemples d'un élargissement comparatif au sein d'une même population (variation structurale chez les Kachin de Birmanie construite par E. Leach) ou entre populations d'une même aire culturelle (les trois cultures de Nouvelle-Guinée décrites par M. Mead), qui font que la revisite transforme la fragmentation des terrains en un ensemble significatif.

La revisite par un autre chercheur est souvent l'occasion d'une réinterprétation théorique. Ainsi le village de Tepoztlan, proche de Mexico, fut-il étudié d'abord par R. Redfield en 1926 puis par son élève Oscar Lewis en 1943-1944. Ce dernier revient par la suite avec une équipe d'une quinzaine de personnes en 1947 et 1948 : l'image de la communauté a changé tant au niveau des relations interpersonnelles que de la configuration globale. P. Harries-Jones réétudie vingt-huit ans après, en 1961, le village bemba de Kasaka (Zambie) où Audrey I. Richards a conduit un terrain exemplaire, mais constate que les changements accomplis renvoyaient à l'ensemble de la structure sociale et non à un seul principe fonctionnel. Les revisites deviennent de fait de nouvelles études tout à fait originales.

Les revisites se font toutefois plus couramment « à distance », par déconstruction et critique tant des données empiriques que des concepts théoriques. Toute ethnologie de terrain n'est pas objet d'une telle « revisite » mais il est évident que les terrains les plus connus, donc les populations les plus citées et les œuvres les plus lues, sont au bout d'une ou deux générations objets d'un réexamen. Nous pouvons citer les terrains des îles Samoa de M. Mead revus et critiqués par Derek Freeman, le cas Trobriand relu au féminin par Annette Weiner, les messianismes congolais analysés par G. Balandier et réinterprétés par Robert Buitenhuijs et André Mary[4].

Parfois la revisite n'est pas possible parce que l'objet s'est tellement transformé qu'il a comme disparu. Ainsi, j'ai pu mener un premier séjour en 1967-1969 en pays mouride sénégalais, le revisiter en 1973 et 1976, et réécrire ma thèse en 1979 sous le titre *Les Marabouts de l'arachide.* Pourtant, dès 1981, dans un débat autour de cet ouvrage, j'explique que les marabouts de l'arachide n'existent plus car « le vieillissement du pays mouride, le gonflement urbain, la crise de la production arachidière font des

4. *Margaret Mead and Samoa : The Making and Unmaking of an Anthropological Myth*, Cambridge, Cambridge University Press, 1983, et « Fact and context in Ethnography : The Samoan Controversy », *Canberra Anthropology*, 6, 2, 1983. Voir l'étude de Serge Tcherkézoff, *Le Mythe occidental de la sexualité polynésienne, 1928-1999*, Paris, PUF, coll « Ethnologie », 2001. *La Richesse des femmes. Ou comment l'esprit vient aux hommes (îles Trobriand)*, Paris, Seuil, 1983 ; « "Messianisme" et nationalisme en Afrique noire : une remise en question » in W. M. J. Binsbergen and R. Buitenhuijs (eds.), *Religious Innovation in Modern African Society, African Perspectives*, 2, 1976, pp. 25-44, et André Mary, *La Naissance à l'envers. Essai sur le rituel du Bwiti fang au Gabon*, Paris, L'Harmattan, 1983.

marabouts aujourd'hui des représentants de larges couches urbaines (même si elles ne sont urbanisées que depuis très récemment) » (1988, p. 272). En 1997, le géographe Cheikh Gueye parle de « marabouts urbanisants » parce que la ville sainte de la confrérie, Touba, est devenue la seconde ville du Sénégal avec une population officielle de 300 000 personnes alors qu'elle n'en comptait que 10 000 du temps de mon enquête[5] ! La revisite de « mon village » n'a guère de sens dans ces conditions car la sécheresse et l'attraction de Touba l'ont presque vidée de tous ses habitants. J'ai découvert en mission en 2001 qu'il y avait aujourd'hui 4 abonnés téléphoniques dans ce village.

Enfin, on pourrait évoquer le cas paradoxal d'un terrain revisité par l'anthropologue… dans sa propre mémoire personnelle. L'anthropologue indien M. N. Srinivas voit disparaître toutes ses notes de dix-huit ans de travail au cours d'un incendie, lors d'un séjour de recherche aux États-Unis en 1970. Grâce à ses carnets de terrain et à son assistant de recherche, il réussit à reconstituer une partie importante des données mais, comme le remarque R. Sanjek, *The Remembered Village* (*Le Village remémoré*) ne provient ni des notes originales ni des notes sauvegardées mais du travail de sa mémoire. D'ailleurs Srinivas reconnaît dans son exergue le rôle des incendiaires dans la rédaction de son livre car, sans cet incident, il n'aurait jamais eu l'idée d'écrire un livre « entièrement fondé sur les souvenirs de [son] terrain » (1976)[6].

5. Voir *Touba. Ville sainte du Sénégal*, Paris, Karthala, 2000.

6. Voir les articles de M. Garrigues-Creswell, J.L. Jamard et F. R. Picon réunis dans « Terrains retrouvés », *Gradhiva*, 28, 2000.

L'ORGANISATION DES ENQUÊTES

L'enquête de terrain est un phénomène social comme un autre. Toute recherche, que ce soit en sciences biologiques, physiques, technologiques ou sociales, se déroule au sein d'une société donnée et suscite des relations institutionnelles, interindividuelles ou collectives particulières qui concourent à la réalisation de ses objectifs. L'anthropologie des laboratoires et la sociologie de la science sont devenues aujourd'hui des domaines reconnus des sciences sociales en révolutionnant les approches parfois trop généralistes et épistémologiques de la sociologie de la connaissance[1]. L'approche sociologique de l'enquête ethnologique, des milieux humains qu'elle fréquente, qu'elle « fabrique », des pratiques sociales qu'elle met (ou doit mettre) en œuvre, des représentations idéologiques et des normes qu'elle produit et justifie, est un excellent instrument de description et d'évaluation des procédures et méthodes de l'ethnologie empirique.

1. L'ENQUÊTE COMME PRATIQUE SOCIALE QUOTIDIENNE

L'ethnologie privilégie la discrétion et la vie ordinaire du groupe étudié. La longue durée du séjour contribue à la création d'habitudes de fréquentation qui vont s'imposer comme normales, qui vont contribuer à faire oublier le caractère exceptionnel ou anormal de la présence d'un étranger, qui plus est d'un étranger au profil incertain et aux requêtes surprenantes. L'ethnologue veut qu'on l'oublie et en même temps il a sa recherche à conduire, sa curiosité à satisfaire.

1. Voir par exemple Bruno Latour et Steve Woolgar, *La Vie de laboratoire, la production des faits scientifiques*, Paris, La Découverte, 1988, et, pour une vue d'ensemble, Olivier Martin, *Sociologie des sciences*, Paris, Nathan, coll. « 128 », 2000.

Le problème majeur qui se pose après presque un siècle de mises au point successives du terrain ethnologique, c'est que l'image de la différence, de la distance, de la solitude, de l'exceptionnel ne peut plus avoir cours. Un siècle d'histoire mondiale, de développement et de modernisation, de violences politiques, de visites et de voyages en tous genres ont banalisé la figure de l'étranger. L'ethnologue se trouve dans une situation de concurrence puisque le représentant de l'administration publique (civile ou militaire), le prospecteur (géologue d'une multinationale ou migrant aventurier à la recherche de terres ou d'or), le touriste, le missionnaire d'une des innombrables sectes américano-protestantes, le journaliste ou le reporter sont passés ou vont passer sur son terrain ou pas très loin. Ce sont les interlocuteurs mêmes de l'ethnologue qui ont appris, depuis parfois plusieurs générations, qu'il existe d'autres figures de l'Autre que celle de l'ethnologue et que ce dernier peut être même maintenant un compatriote voire un fils du village[2]. Les autochtones se sont déplacés eux-mêmes, à la recherche de travail, de terre ou d'argent : la tranquillité des univers familiers, plus ou moins clos et protégés, n'existe plus – pour autant, là aussi, qu'elle ait jamais existé. Bref, l'ethnologue ne contrôle plus du tout les preuves de sa raison d'être et de son image de marque. La supériorité matérielle, raciale ou culturelle n'est plus un argument recevable : l'ethnologue doit se transformer en un homme ou une femme sans qualités qui sait qu'il ne pourra jamais se dédouaner totalement du monde d'où il vient.

Les besoins matériels de l'ethnologue apparaissent de fait, que le chercheur le veuille ou non, comme l'une des raisons de sa présence puisqu'il lui faut bien vivre pendant son séjour. Le logement, les ressources alimentaires, l'approvisionnement en eau (pour se laver et boire), ou en bois de chauffe (pour la cuisine ou le chauffage) doivent être assurés, garantis et renouvelés. Bien entendu, aujourd'hui, cette image d'Épinal n'a plus cours partout puisque de nombreux ethnologues travaillent sur leur propre culture et enquêtent même à partir de leur domicile personnel sans voyager au loin.

---

2. Voir le film de Chris Owen, *Man without Pigs* (*L'Homme sans cochons*, 1990, couleur, 59 minutes, disponible auprès de la SFAV), qui dépeint le retour de John Waiko, docteur en anthropologie, dans son village du nord-est de la Papouasie-Nouvelle-Guinée. Il n'a pas de cochon, signe de prestige et de richesse, pour organiser la cérémonie de ce retour et les tensions sont fortes.

Mais que ce soit chez les Trobriand en 1915, les Nambikwara en 1937, les paysans de l'Aubrac en 1960 ou les habitants du quartier « Sevrin » (Saint-Leu) à Amiens en 1977, l'ethnologue doit se préoccuper de sa propre condition physique, s'adapter à certaines des habitudes alimentaires et domestiques locales, en assurer les ressources.

Il en est de même pour la vie sociale courante : l'ethnologue doit se constituer un réseau de relations « productrices » d'occasions de connaissance, où sa présence est acceptée voire valorisée. Il doit se reconstituer un chez-soi, un cercle de voisinage comme dans un lotissement ou une résidence : il faut qu'il obtienne un droit de visite et de conversation tout comme il doit accepter d'être à son tour fréquenté comme un voisin ou un bon copain (ou une bonne copine). Les moments de la recherche, des loisirs, du bavardage doivent être fondus en un genre de vie particulier mais qui va de soi pour tout le monde.

Le plus complexe, sans aucun doute, consiste à naturaliser les techniques propres à l'enquête de terrain ethnologique. L'ethnologue doit transformer de manière subreptice sa vie personnelle (physique, domestique, émotionnelle voire sexuelle) et quotidienne (hygiène de vie, manifestation d'une identité, sociabilité) en moyen et temps de travail scientifique. Il faut entretenir en permanence « la machine ethnologique » grâce à un enregistrement et à une mise en ordre des données, grâce à un contrôle des sources directes ou indirectes d'information, grâce à un élargissement ou à un ciblage de publics ou d'informateurs particuliers. Bref, il faut susciter, canaliser, reproduire les conditions optimales d'une enquête comme si de rien n'était parce que c'est justement ce non-dit, la société en actes, la culture en gestes et paroles, qui constitue le terrain d'une bonne recherche.

C'est le moyen qui révèle l'objet : tout est enquête parce que tout est social et réciproquement. Mais l'objet peut finir par être « englouti » par le moyen. Les facilités ou les difficultés de la vie sociale finissent par faire oublier l'objet du séjour. L'immersion dans le quotidien débouche sur la routine, l'ennui et même le néant. Ainsi, l'apparente absence de lien social chez les Iks de l'Ouganda étudiés par Colin Turnbull en 1964-1967 étonne l'ethnologue qui se sent obligé de juger sévèrement leur société :

« On ne peut en effet qu'éprouver une pitié infinie pour eux en songeant à ce qu'ils ont perdu, et réserver sa haine à la prétendue société où ils vivent, cette machine qu'ils ont construite pour assurer leur survie.

Il ne reste plus de bonté pour les Iks, seulement un estomac bien rempli, et cela seulement pour ceux dont l'estomac est déjà rempli. Mais, au fait, s'il n'y a pas de bonté, il n'y a pas non plus de méchanceté ; et s'il n'y a pas d'amour, il n'y a pas non plus de haine… Après tout, peut-être est-ce cela le progrès — mais c'est aussi le vide » (Turnbull, 1987, p. 233).

À l'évidence l'ethnologue ne pouvait et ne voulait pas vivre comme eux et avec eux. Exception scandaleuse qui confirmerait la règle[3] ?

2. L'ORGANISATION MATÉRIELLE DU SÉJOUR DE TERRAIN

L'image classique est celle de l'ethnologue qui habite chez et avec les gens. Cette solution peut prendre une infinité de formes depuis la mise à disposition d'une résidence plus ou moins officielle ou administrative jusqu'à la fameuse tente plantée au milieu du village ou du campement (version B. Malinowski ou E. E. Evans-Pritchard). La résidence officielle peut être aussi bien celle de l'administration étatique nationale que des autorités locales (politiques, religieuses, commerciales ou familiales). La « tente » peut être une habitation construite spécialement pour l'ethnologue dans un lieu stratégique. Ce peut être enfin un emplacement dans le cercle du campement collectif comme chez les Yanomami. Qui dit logement dit évidemment nourriture : repas « en pension », emploi d'un homme ou d'une femme à tout faire qui fait office de cuisinier-bonne-facteur et factotum, ou alors au contraire refus de socialiser cette activité domestique.

L'ethnologue peut voyager léger mais les traditions expéditionnaires du début du siècle ont existé et confirment le caractère organisé de l'observation participante. M. Mead explique qu'elle a exclu certains terrains lors de son séjour en Nouvelle-Guinée à cause de l'extrême difficulté d'y faire parvenir ses caisses et ses bagages (dans sa correspondance elle indique qu'il y eut 250 porteurs pour monter son chargement chez les Arapesh !).

3. Cet ouvrage a suscité de nombreux débats déontologiques et professionnels dès sa parution. On trouvera des éléments de réévaluation de l'enquête par C. Turnbull lui-même, Jean Malaurie et John Towles, anthropologue ougandais, assistant de Turnbull au cours de l'enquête, dans l'annexe de l'édition française.

Selon les époques, les lieux et les moyens, l'ethnologue possède ou non un moyen personnel de déplacement (voiture, moto, éventuellement bicyclette). J.-M. Gibbal s'en remet aux taxis-brousse du Malien ordinaire, N. Barley s'achète une vieille Peugeot, M. Godelier ou Ph. Descola arrivent par petit avion et continuent à pied (ou en pirogue). Mais Joanne Passaro se contente de prendre le métro pour aller rencontrer et visiter ses SDF new-yorkais (1997). La liste deviendrait rapidement un inventaire à la Prévert mais elle indique les statuts possibles de l'ethnologue aux yeux de ses interlocuteurs et les conditions d'un travail efficace (pour éviter la perte de temps, la fatigue, etc.). Le véhicule transforme le chercheur en chauffeur avec les avantages conviviaux et ethnologiques d'une telle occupation. Mais le service rendu peut très rapidement devenir une corvée (plus ou moins imposée).

Le critère de réussite de toute enquête de terrain est cependant la durée, la « longue » durée du séjour. L'ethnologue n'en a jamais été véritablement maître puisque cela dépend des moyens, des autorisations officielles, bureaucratiques, de la situation familiale, du type d'enquête et évidemment de l'atmosphère du terrain lui-même. Les relations sociales ne se nouent pas par décret, les entrées en matière peuvent mal tourner et ralentir l'insertion ethnologique[4]. Le rythme des saisons et des obligations sociales peuvent « lock-outer » l'ethnologue de fait. Le choix d'un terrain stratégique (par exemple le Ladakh entre l'Inde et la Chine, qui fait de l'ethnologue un espion en puissance) et des conditions matérielles des plus rudimentaires voire impossibles (au Ladakh l'encre des stylos gèle et le bois est si peu abondant que l'un des chercheurs passe son temps à en chercher : nous sommes à 4 500 mètres et il fait très, très froid) mettent fin à un projet pourtant bien préparé.

Enfin, il y a les conditions matérielles du travail scientifique : isolement social, qualité de l'installation « bureaucratique » (table, chaise, armoire ou coffres de rangement), lieux de rencontre aussi et de convivialité « professionnelle » (véranda, salon, pièce de réception). Il faut aussi protéger certains de ses instruments de travail du vol ou de « l'emprunt ».

4. Voir le commentaire de Jean Jamin, « Du ratage comme heuristique ou l'autorité de l'ethnologue », *Études rurales*, janv.-juin 1985, 101-102, pp. 337-341, à propos de l'ouvrage de M. Abélès, *Le Lieu du politique*, Paris, Société d'ethnographie, 1983.

Magnétophones, ordinateurs portables, appareils de photo, camescopes ou caméras sont de plus en plus courants et admis au cours du travail ethnologique de terrain et parfois les interlocuteurs du chercheur maîtrisent aussi bien que lui les technologies modernes de la communication[5].

3. L'ORGANISATION SOCIALE PROPRE À L'ENQUÊTE

L'enquête a un coût financier (voyage, moyens de déplacement, frais de séjour, instruments de travail, frais d'enquête) et l'ethnologue n'échappe pas aujourd'hui à l'évaluation monétaire de ses ressources et de ses demandes. Il ou elle n'exerce aucune activité productive ou commerciale et pourtant il peut subvenir à tous ses besoins et même se transformer en employeur ! Les ethnologues n'ont pas à priori la dépense ostentatoire mais ils ne peuvent se défaire des images attachées par la coutume à celui qui vient des villes ou plus lointainement du monde des toubabs, des gringos ou des gadjé[6] ! L'ethnologue a été rapidement transformé en ressource. D'une situation de fait où il « monnaye » éventuellement ses demandes d'information par un système d'échange de biens et de services, on est passé à une organisation plus systématique de la marchandisation ou commodification de la relation d'enquête : le guide, l'enquêteur, le traducteur, l'intermédiaire, l'informateur privilégié constituent des figures (ou des fonctions) de spécialisation et peut-être de véritables métiers. Il est quasiment impossible de conduire une enquête gratuitement non seulement parce que le chercheur fréquente des lieux ou des populations où les ressources rares doivent être continuellement négociées et redistribuées mais parce que l'information gratuite n'a plus de sens dans quelque société que ce soit. L'amitié, l'intimité, l'échange de services symboliques n'excluent nullement la circulation monétaire. Si l'ethnologue paye un salaire pour les échanges de biens et de services, pourquoi l'évidence naturelle de l'enquête ne s'imposerait-elle pas

5. Voir la photographie de couverture de l'ouvrage de M. Agier (1997) où l'on découvre deux vidéastes kayapo en train de filmer à côté de l'équipe de la Granada Television International une manifestation contre la construction d'un barrage dans la vallée du Xingu (Brésil) en 1989.

6. Le Blanc dans les langues africaines de l'Ouest, l'Américain en espagnol sud-américain et l'étranger (le sédentaire) en rom, langue des Tsiganes.

par l'intermédiaire d'une commodification, attitude plus courante et évidente qu'une relation paradoxalement inutile et peut-être ennuyeuse[7] ?

Les premiers fondements de ce lien social, à la fois anodin et artificiel, sont constitués par le corps physique et vestimentaire d'une part et par le corps gestuel et langagier de l'autre. L'ethnologue joue certes à l'ethnologue mais surtout il doit marquer sa présence. Costume colonial ou tenue indigène, vêtements de travail fatigués, excentricité exotique (short en certaines circonstances ou pantalon pour les femmes), peu importe la tenue, elle ne peut être que déguisement. La simplicité ethnologique peut renvoyer à un confort minimal (protection contre la chaleur, le froid, les insectes, la poussière), la parodie est toujours possible, qu'accroissent la manière de se chausser, de marcher et bien sûr tous les autres comportements de notre vie physiologique (par exemple comment et où faire ses besoins dans des lieux encore mal connus, mal repérés socialement).

Mais évidemment le social, c'est avant tout la communication. Le chapitre suivant est consacré justement à l'enquête orale mais notons que la pratique d'une langue véhiculaire, du dialecte local, des versions culturelles adéquates (pidgins ou argots urbains, parlers ruraux, expressions masculines ou féminines) définit tout le personnage. Le modèle malinowskien et britannique passe par l'identification linguistique. Celle-ci nécessite des investissements considérables et une volonté certaine. Elle implique une disponibilité pour l'apprentissage au détriment de l'enquête, elle demande du temps. Autant dire que toutes les approches par procuration handicapent doublement l'ethnologue au niveau de la compréhension directe, de la maîtrise totale de la stratégie d'enquête et enfin de la discrétion. L'ethnologue, suivi de son double traducteur, n'est plus un ami discret, c'est un couple ou un groupe qui doit perpétuellement justifier sa double présence sans que, par ailleurs, l'intrusion du second ne remette en cause les relations

7. Cette question est l'objet d'un débat pragmatique permanent. M. Mead à son époque posait la question en termes d'échange, ce qui était encore très anthropologique : « Par ailleurs, quand j'utilise des informateurs directs, que je m'assieds et pose des questions pendant une heure, je ne peux les payer car ils ont trop de dignité. C'est pourquoi je pratique le système des cadeaux. Mais cela a des limites, parce que, en plus de l'information, ils vont m'offrir un cadeau "en retour" ! » (Mead, 1980, p. 35). Aujourd'hui « le marché de l'information » impose des prix, du moins des marchandages presque partout, mais la durée du séjour et de l'intimité peut finir par imposer sa loi.

confidentielles des informateurs avec le chercheur. De nombreux refus d'entretiens ne sont pas une fin de non-recevoir faite à l'ethnologue : ils résultent plutôt d'une incertitude face à des collaborateurs qui jouent double jeu et ont la possibilité de s'immiscer directement dans la vie des gens.

4. La division du travail scientifique

La variété des terrains en cette fin du XXe siècle interdit toute généralisation. Bien entendu les problèmes financiers et matériels, les conséquences principielles de la « situation ethnologique[8] », à savoir une cohabitation sociale aux univers plus ou moins intégrés, restent fondamentaux. Mais la modernisation de l'exotisme tout comme la multiplication des terrains « modernes » de l'Occident font que le terrain devient un espace pluriel (pluricontextuel) par définition : la dispersion des sources d'information, l'atomisation, l'hétérogénéité et les mobilités des communautés sociales et culturelles constituent des traits de plus en plus récurrents. Par ailleurs se multiplient également les courtiers de l'agencement social, du développement et de l'assistance. Que ce soit sur un terrain rural africain ou asiatique, où croît le nombre d'animateurs et de vulgarisateurs, ou au contraire dans le cadre d'une entreprise française avec ses cadres de ressources humaines et son informatisation de la production, l'anthropologue rencontre des interlocuteurs compétents qui pensent savoir interpréter et faciliter ses demandes et même expliquer son objet à sa place ! La division du travail n'est plus entre le savant et le « sauvage » analphabète, elle s'articule autour d'une série d'acteurs, éventuellement professionnels, qui possèdent une opinion, souvent à caractère soi-disant anthropologique, sur l'ordre du monde.

Reprenons donc la typologie des collaborations scientifiques possibles ou nécessaires.

La tradition ethnologique veut que le chercheur soit seul sur son terrain, malgré les traditions nationales des expéditions collectives de la fin du

8. Je reprends cette expression à Anne Doquet : « Ainsi la situation coloniale s'est-elle doublée d'une nouvelle situation relationnelle, qui en l'occurrence peut être qualifiée de "situation ethnologique". Générée au cœur de la précédente, elle usa dans un premier temps de ses instruments de pouvoir » (1999, p. 7).

XIXe siècle. Rappelons-nous l'expédition dans les îles du détroit de Torrès de l'ethnologue A. F. Haddon. Cette tradition a pu se maintenir de temps à autre. Mentionnons le cas des diverses expéditions dirigées par Marcel Griaule chez les Dogons, où enquêtes ethnographiques et linguistiques ont été menées de front et simultanément par plusieurs chercheurs. Il est vrai que ces travaux se présentent avant tout comme une collection d'œuvres personnelles. Il y a aussi ce qu'on pourrait appeler les « enquêtes conjugales », où mari et femme (ou femme et mari) travaillent chacun de leur côté sur le même terrain. Citons par exemple les cas de M. G. et M. F. Smith chez les Hausa du Nigéria dans les années cinquante ou, plus récemment, celui de Philippe Descola et Anne-Christine Taylor chez les Jivaros d'Équateur au cœur des années soixante-dix.

Notons que certaines recherches se poursuivent dans le temps grâce à la contribution d'étudiants en doctorat qui se spécialisent sur le même terrain ou un terrain voisin. On peut enfin mentionner des recherches conduites conjointement par un chercheur étranger et un chercheur local ou autochtone. Au-delà de la collaboration avec d'autres ethnologues, il existe la collaboration plus quotidienne et invisible avec des « représentants » du terrain ou des terrains. Là encore, tous les cas de figure sont possibles, et j'en évoquerai une demi-douzaine, plus ou moins spécifiques.

1. Notons le cas des employés « domestiques » en tous genres qui peuvent servir d'intermédiaires ou d'informateurs. Ainsi les chauffeurs sont-ils très valorisés par ceux qui ont recours à des véhicules pour accéder à des régions isolées. Mais leur fonction « scientifique » est tout à fait informelle.

2. Qu'en est-il des cas formels d'employés « scientifiques » ? Il y a d'abord les enquêteurs rémunérés à plein temps mais à qui leurs fonctions et leurs tâches plutôt subalternes dans l'exécution d'une enquête ne confèrent que peu d'initiatives. Ils organisent des rendez-vous, ils passent des questionnaires, s'il y a lieu, ils aident à mesurer distances (dimensions des champs) et poids (pesage des produits cultivés ou consommés) dans les enquêtes d'anthropologie économique ou nutritionnelle. Ce sont souvent des jeunes à la scolarité interrompue.

3. On peut inclure des collaborateurs techniques plus qualifiés comme des topographes « amateurs », des « manipulateurs » de magnétophones ou de caméras, à qui le chercheur peut déléguer des fonctions précises et techniques sans aucune instruction d'intrusion sociologique.

4. Dans la catégorie des auxiliaires directs, mentionnons enfin les traducteurs-interprètes, véritables bras droits de l'ethnologue selon les besoins, qui fabriquent ou défont diplomatiquement les relations avec le souci d'expliquer « culturellement » le projet ethnologique. Ils peuvent, selon les cas, devenir de véritables conseillers, avec tous les inconvénients d'une telle confiance pour l'ethnologue, car ils peuvent aussi faire passer leurs intérêts personnels non ethnologiques avant ceux de l'ethnologue. Ils font souvent les mémorialistes pendant les absences du chercheur et sont capables de tenir une correspondance avec ce dernier.

5. Une troisième catégorie peut émarger au budget de l'enquête, d'un budget de nature plus symbolique, et qui concerne les agents des réseaux sociaux eux-mêmes. Il y a d'abord les intermédiaires et « promoteurs ». Ils sont des relais de l'ethnologue au sein de la société, du groupe ou des institutions. Ce peut être le gardien d'un immeuble ou d'une usine, ce peut être l'un de ces nombreux cadres de l'administration qui recherche la fréquentation de l'Autre moderne qu'est l'ethnologue. Ce peut être, à l'opposé, le marginal social, un mendiant ou un handicapé, spectateur professionnel désœuvré, ou plus simplement le petit commerçant du coin qui entend tous les bruits et les ragots.

6. Enfin, souvent placé sur un piédestal rituel, l'*alter ego* du chercheur, l'auto-ethnologue aux pieds nus, l'informateur dit privilégié. Tout le monde peut être un informateur réel ou potentiel mais il y a tout de même ceux qui parlent plus souvent et apparemment mieux ou plus clairement que les autres (J. Casagrande, 1960). Il y a ceux qui plaisent et qui savent plaire. Il y a enfin ceux qui se positionnent comme correspondants ou courtiers culturels et qui sont des auteurs à part entière de l'œuvre ethnologique. R. Keesing évoque à ce propos « [la] propension à rechercher le philosophe populaire le plus doué et le plus savant et à élever ce qui peut être une synthèse ou une extrapolation personnelle jusqu'au royaume des “symboles culturels” » (1996, p. 217). En effet, certains de ces informateurs deviennent auteurs à leur tour en racontant leur vie qu'ils transforment en autobiographie (D. Brumble, 1993). L'informateur privilégié classique, cela n'a rien d'étonnant, était souvent âgé et de sexe masculin. Aujourd'hui, ce peut être au contraire une prostituée sénégalaise ou une paria indienne (J. F. Werner, 1993 ; Viramma, J.-L. et J. Racine, 1995).

5. Pour une sociologie de la connaissance de soi… et de l'autre

L'extrême individualisation et personnalisation de la pratique ethnologique a profité de la libération des mœurs et des esprits de l'après-Première Guerre mondiale. La psychanalyse a pu jouer un rôle non négligeable dans l'élucidation de l'objet (voir aussi bien B. Malinowski que M. Mead) et dans la réflexion sur l'altérité, la différence et la nature des cultures autres. L'ethnologue est un Jason qui part dans des contrées dangereuses et rapporte la Toison d'or ; il est un héros culturel au sang froid. Cette autorité de fait, de position, devient avec le temps, et pour la critique postmoderne, une autorité dans le texte (J. Clifford, 1996). Mais les arguments de la convocation et de la convention coloniale, puis bureaucratique laissent entendre que cette autorité se manifeste aussi sur le terrain.

Les meilleures intentions, amitiés, sociabilités et humilités du monde n'empêchent pas le chercheur de commettre des impairs, de froisser ses « hôtes », de se fâcher avec ses « employés », de faire des remontrances à ses informateurs réticents. Bref, la production ethnographique est le résultat d'une double violence symbolique : d'une part culturelle et politique, plus métaphorique que concrète et, de l'autre, moins visible mais plus performante, très technique et manipulatrice, qui cherche à recueillir des informations. Bien entendu, la fin ne justifie pas les moyens et la révélation des pratiques d'espionnage ethnologique il y a trente ans a fait scandale ; cependant il faut tout de même faire « du renseignement » (ethnologique) et, pour ce faire, il faut inverser ou renverser la normalité de la relation sociale (le savoir social et culturel comme conséquence et non comme cause) et cette seule anomalie peut éveiller le soupçon.

Une sociologie permanente de sa propre enquête, donc de l'action de soi, ne peut être performante que si elle est complétée par une sociologie de la situation de communication, par conséquent d'une sociologie de la parole, des énonciateurs et des informations selon les conditions d'enquête et les milieux sociaux contactés.

À la sociologie de soi dans sa pratique succède une sociologie de l'autre dans la sienne. Mais avant tout il faut débusquer l'illusion culturaliste, c'est-à-dire la fabrication involontaire ou volontaire, inconsciente ou évidente, de la culture à partir des « réponses » des informateurs ordinaires ou spécialisés.

L'ethnologie est alors transversale puisqu'elle est à la fois une anthropologie de « l'objet » étudié, une anthropologie de celui qui l'étudie et une anthropologie des modes réciproques de la construction du lien social entre tous ces acteurs. Au-delà de la confrontation des sources et de la corrélation des informations, l'ethnologue, à cause des décalages des lieux et des niveaux de terrain, doit s'efforcer de produire constamment une sociologie de ses propres rapports et déplacements. Il y a là comme une véritable révolution cosmologique : l'ethnologue n'est plus le centre de l'univers, et paradoxalement son informateur non plus. La sociologie des silences « sociaux », des censures et mensonges par omission devient ici centrale. Jean Jamin (1977) nous a expliqué la place de ce non-dit que nous verrons de plus près lorsque nous aborderons l'oralité dans le chapitre suivant.

Aujourd'hui, l'ethnologue a souvent affaire aux professionnels de la parole contrôlée et du refus de communiquer : l'élucidation des cultures passe par l'élucidation des conditions d'accès et d'autorisation à cette élucidation, comme chez les aborigènes d'Australie évoqués par B. Moizo (1997). L'ethnologue a souvent l'impression que son terrain s'éloigne de lui à la fois à cause de son hétérogénéité, de sa bureaucratisation et de l'accumulation des discours à son propos. L'écoute et l'enregistrement de la mémoire historique risquent d'accélérer justement la disparition des repères de cette histoire, comme l'explique si bien Richard Price (1994) pour les Saramaka, Noirs marrons du Surinam. L'ethnologie non du silence mais silencieuse deviendrait alors une nécessité, à ceci près que des non-ethnologues s'empresseraient de procéder à de pseudo-collectes comme cela se fait depuis longtemps en ethnologie française du patrimoine.

5

L'ENQUÊTE ORALE

À l'époque où les médias imposent avec force la présence de l'image et où la place de l'écrit et de l'imprimé semble remise en cause, l'oralité résiste bien. Non pas l'oralité directe du quotidien domestique et anodin mais l'oralité technicisée au travers des publicités musicales, de l'engouement pour CD et K7, de l'oralité dirigée et enregistrée des répondeurs, portables et autres ordinateurs. Cet univers assourdissant de la parole est l'objet de recherches sociologiques et anthropologiques. Mais tout cet oral-là est écrit, rédigé et pensé, préparé par écrit. La grande rupture de l'écrit est là qui veille et qui contrôle le désordre des paroles et des langues.

Nous sommes loin du prototype, singulier, sans script ou scénario rédigé, de l'oralité des sociétés dites sans écriture. Car aujourd'hui la vie quotidienne charrie poncifs publicitaires – entendus (mais écrits) –, lieux communs médiatiques ou politiques (là encore couchés par écrit), et l'oral du quotidien n'est pas indemme de ces pollutions. Il y a donc oralité et oralité. Il y a même oralité et langue, langue et pensée dans un enchaînement réflexif déjà ancien. L'interrogation sur l'être « sauvage » commence par l'état et la nature de la langue, sur la bestialité d'une oralité sans grâce ni euphonie, sur les origines de la langue et l'instinct animal de communication. N'oublions pas le débat entre Philippe Pinel et J. M. G. Itard à propos de Victor, enfant sauvage recueilli en Aveyron en 1799. Membre comme eux de la Société des observateurs de l'homme, Gérando débute sa fameuse analyse des moyens d'observation par l'examen du langage d'action (ou des gestes) et de ses signes (J. Copans et J. Jamin, 1994, pp. 82-83), avant de développer son point de vue sur la langue comme médium anthropologique et outil d'enquête par excellence. L'invention de la langue est donc un passage obligé pour comprendre la création de la culture humaine et c'est pourquoi, dès les origines de l'ethnologie et de l'anthropologie, l'étude de la langue, de la grammaire, de la sémantique puis, à partir du XXe siècle, de la linguistique proprement dite, a fortement influencé et orienté leurs problématiques. Ainsi, E. B. Tylor, B. Malinowski, E. Sapir, Cl. Lévi-Strauss, pour ne mentionner que ces derniers, ont conduit simultanément une double réflexion à la fois anthropologique et linguistique.

De la langue comme instrument de communication l'anthropologie est passée à la langue structurant la culture et la pensée. Ce sont surtout les anthropologues américains (E. Sapir, W. Goodenough, M. Harris) qui ont poursuivi cette direction mais B. Malinowski a joué un rôle tout aussi important en Grande-Bretagne. À la même époque, en France, Michel Leiris étudiait *La Langue secrète des Dogons de Sanga* qui allait inaugurer une tradition ethnolinguistique féconde[1].

Les langues que rencontre l'anthropologue ne sont pas forcément inconnues. Il existe toute une série de langues nées des contacts culturels comme les pidgins et les créoles, voire le swahili, qui ont servi d'intermédiaires commodes entre l'oral des sociétés « ethnologisées » et celui de la société de l'ethnologue. Ces langues partagées, populaires, confirment par leur seule existence qu'il n'y a pas, qu'il n'y a jamais eu de pureté culturelle puisqu'il n'y a pas de pureté linguistique. Ce relativisme conceptuel n'a pas provoqué de véritable réflexion méthodologique. La tradition universitaire française (au contraire de la tradition américaine par exemple) a fini par séparer la linguistique de l'ethnologie. Cette habitude a perduré et la modernisation sociolinguistique a plutôt été orientée vers l'apprentissage adapté du français (francophonie oblige) que vers la déconstruction sociale et culturelle des paroles. La survalorisation de la parole *profonde* dans les études dogons, le soubassement linguistique de l'analyse structurale sont autant d'orientations qui ont détourné l'ethnologie française d'une véritable culture linguistique pratique. D'autant que l'apprentissage des langues non écrites est peu répandu dans la formation à la recherche ethnologique (voir le programme limité de l'Institut national des langues et civilisations orientales en cette matière). Cela dit, les préoccupations postmodernes ont permis de soulever la question de la langue de la restitution ethnologique. Comment écrire la parole de ceux qui ne savent pas l'écrire eux-mêmes : voila bien une question à se poser avant toute enquête de terrain !

1. Cet ouvrage, publié dans la collection « Travaux et mémoires de l'Institut d'ethnologie » en 1948, a été réédité en 1992 dans *Les Cahiers de Gradhiva* chez J.-M. Place.

1. De la nature de l'oralité

L'ethnologue est un scribe. Carnet de notes, bandes magnétiques, journal de terrain, habitude de mémorisation d'événements oraux complexes (cérémonies, débats ou disputes publiques, conversations) : la première tâche de l'ethnologue, c'est d'enregistrer, de classer, de corréler et de comparer, de noter pour relancer l'enquête. Mais cette pratique professionnelle de prise de notes est ambiguë. Elle est d'abord déterminée par l'expérience et le meilleur des conseils ne servirait à rien car chacun met au point ses propres procédures selon sa formation, selon la marge de manœuvre que lui offrent le terrain et la nature de la situation. Nous verrons ci-dessous qu'une typologie dynamique est nécessaire pour croiser toutes ces variables.

Une autre contrainte relève des concepts théoriques et méthodologiques portant sur la nature de l'oralité, de la sociologie de l'oralité opposée à l'écriture et donc plus généralement sur la nature des sociétés dites « primitives ». C'est l'anthropologue britannique Jack Goody qui a produit les analyses les plus pertinentes sur la question (1979, 1986, 1994). En notant par écrit des paroles, des entretiens, des interactions verbales, des réponses à des questions, l'ethnologue transcrit, en un ensemble de textes homogénéisés et susceptibles d'être redécoupés, ce qui n'est qu'une série d'énonciations individuelles ou collectives. A. Bensa et J. Bazin rappellent, dans leur introduction à *La Raison domestiquée*, que toute « ethnologie est d'abord une ethno-graphie. On commence par un travail de notation des paroles entendues, par une véritable mise en texte de la culture considérée » (1979, p. 14). Cette manière de faire finit par produire une apparence systématique où c'est la société, l'ethnie, l'inconscient culturel qui s'exprime. C'est pourquoi les informateurs « privilégiés » par l'ethnologue sont ceux dont les paroles se prêtent le plus à cette perspective généralisante, abstraite, normative. Enfin, nous dit J. Goody, « avec l'écriture le savoir devient plus abstrait, plus décontextualisé que dans les cultures orales » (1998, p. 40). En fait, « dans une culture orale les choses changent tout le temps mais personne ne s'en rend compte ». D'ailleurs « [...] dans les cultures orales une tendance critique apparaît constamment. La différence est qu'elle se perd à chaque génération. Il n'y a pas de continuité dans la mise en doute des croyances » (*ibid.*, p. 41).

J. Goody en conclut que les différences culturelles rapportées aux langues ne peuvent être fondées sur des propriétés cognitives (comme pour B. Whorf et E. Sapir) : c'est l'écriture et ses usages sociaux, les modes de communication qui fondent la distinction opératoire. On voit la conséquence immédiate d'une telle analyse pour l'ethnologie : par le biais d'une réflexion fondée quasi naturellement sur l'écriture, non seulement une transcription (ce qui peut sembler tout simplement neutre et technique) mais un texte qui devient, que l'ethnologue le veuille ou non, la forme normale, l'objectivation indispensable des énonciations et pensées « sauvages » et non sauvages.

La culture de l'oralité peut également être une culture du silence, d'un silence volontaire, d'un silence qui en dit long pour reprendre une expression bien connue. J. Jamin, au moyen d'exemples tant français (la tenderie aux grives dans les Ardennes) qu'africains (les sociétés lignagères senoufo de Côte-d'Ivoire et gikuyu du Kenya), nous rappelle que « l'oralité n'est pas forcément source d'égalité. Le secret ou le silence introduisent des *ratés* dans la communication sociale, endiguent la transmission des savoirs, expriment des coupures et des retraits qui subordonnent et divisent. Qu'il soit de l'ordre du procédé ou de la supercherie, de l'ordre de la tactique ou de la stratégie, ou encore de celui de la confiscation, le secret a une fonction distanciatrice et une valeur hiérarchique » (1977, p. 124).

2. Les leçons de l'ethnolinguistique

L'enregistrement et la transcription des discours spontanés ou convenus (« traditionnels ») des informateurs de l'ethnologue ont conduit ce dernier à réfléchir sur une ethnographie de la communication, sur une élaboration du sens au cours de l'énonciation et par la parole. La conception de la langue selon les informateurs fait partie de l'objet langagier comme de l'objet ethnologique. Le terme d'« ethnolinguistique » serait apparu dans les années cinquante-soixante, mais sa reconnaissance officielle date de 1969, lorsqu'un article lui est consacré dans le *Dictionnaire de linguistique* dirigé par A. Martinet (aux PUF). Au début, le champ couvert comprend aussi bien les réflexions sur la langue que les rapports entre langue et vision du monde, entre langue et communication, entre langue et société. G. Kabakova et D. Rey-Hulman rappellent qu'à ses débuts l'ethnolinguistique semblait être vouée à l'étude des sociétés primitives, au contraire de la sociolinguistique, mais elles préfèrent retenir « la distinction entre la sociolinguistique analysant la relation langue et société, et l'ethnolinguistique explorant celle de la société et la parole faite par G. Calame-Griaule » (1994, p. 11). C'est en effet cette dernière qui, dans *Ethnologie et langage* (1965), confirme la pertinence d'une ethnologie de la parole : « J'ai [...] travaillé sur la pluralité des parlers [...] ; ce qui concerne en tout cas vraiment l'ethnolinguistique, ce sont les idées qu'ont les intéressés eux-mêmes, sur cette diversité des parlers, la conscience qu'ils ont des différences, la hiérarchie qu'il établissent entre eux (lesquels sont les meilleurs, les plus anciens, etc.) [...] Ainsi toutes sortes de pistes d'enquête se révélaient à partir du langage, et en même temps, cette grande notion de "parole" venait chapeauter [...] le tout » (*ibid.*, p. 18).

J.-L. Siran, reprenant la distinction entre langue et parole[2], nous rappelle que l'interlocution (donc le rapport entre l'ethnologue et ses informateurs) est un rapport social en acte et que, dans ce sens, « les énoncés ne sont pas des choses mais des événements » (1994). L'ethnolinguiste nous explique alors qu'il est certes possible d'enregistrer un énoncé comme preuve d'une culture omniprésente, comme répétition « d'une parole des ancêtres qui se tiendrait comme derrière eux pour ne se faire entendre qu'au travers d'eux comme au travers de masques ou de pantins » (1994, pp. 109-110). Cette conception ethnolinguistique de l'ethnologie est en effet des plus courantes : en confortant une illusion « mythique », l'ethnologue se contente de répéter en quelque sorte un sens commun. Par contre, si l'on privilégie l'énonciation, il ne faut pas pour autant abandonner l'énoncé puisqu'il constitue « l'une de ses composante essentielles » (*ibid.*, p. 115). Plus globalement, « l'énonciation n'est [...] rien d'autre que la mise en rapport d'un énoncé à une situation et le jeu d'interprétations réciproques qui s'ensuivent. » Cette mise en rapport confirme bien le danger que court l'anthropologie à considé-

2. La parole réalise la langue (« Un ensemble fini d'éléments phoniques dépourvus de sens constitue un autre ensemble non clos d'éléments significatifs », Aurore Monod-Becquelin) et les actes de langage dépassent de loin le seul sens linguistique. B. Malinowski a été l'un des premiers à théoriser la parole et à suggérer une ethnographie de la parole. Voir le n° du *Journal des anthropologues* sur « L'anthropologue face à la langue » (1994), ainsi que Jean-Louis Siran et Bertrand Masquelier (1999).

rer que paroles et discours auraient une quelconque existence en soi. Car, dans ce cas, c'est « comme si personne, jamais ne disait rien » (*ibid.*, p. 117).

Cette réflexion sur la perspective ethnolinguistique contribue par conséquent à relativiser et à contextualiser les énoncés si évidemment transformés en textes intemporels. Elle pousse l'anthropologue à prendre conscience de la double nature de l'oralité des terrains, définis à la fois par les formes propres de la tradition non écrite et les contraintes de l'interaction et de l'énonciation. En définitive, l'information est une construction sociale non seulement au regard du chercheur mais aussi de l'informateur. Tout ethnologue doit donc se transformer provisoirement en ethnolinguiste et, sur ce point, peu importe la localisation géographique du terrain. Comme le note E. Daphy, qui a étudié le milieu des professionnels de la musique en France et qui a dû apprendre à parler leur langue, le *parler métier* : « Poser ces questions dans le cadre spécifique d'une recherche sur la France, qui met en présence des interlocuteurs de même langue maternelle, c'est aussi considérer que le problème de relations à la langue est propre à la méthode, à la relation ethnologue/observés, et ceci quel qu'en soit le terrain[3]. »

3. Les occasions de la vie sociale quotidienne

Revenons donc « sur le terrain » puisqu'une typologie ethnolinguistique sommaire s'impose pour suggérer la complexité de « l'observation entendante ». La vie sociale dont il est question est hybride et ambiguë, puisqu'elle est à la fois celle qu'observe l'ethnologue (et que sa présence peut modifier ou influencer de manière même imperceptible), celle que suscite l'ethnologue pour conduire son enquête… ou faire son marché, et celle qui existerait indépendamment de lui et qu'il ne connaît qu'indirectement par ouï-dire, par entretiens, par confidences, là encore plus ou moins spontanés ou dirigés. Les conditions de l'expression orale découlent de toutes ces contraintes.

Selon les terrains (les groupes de boxe thaï de Paris, les SDF new-yorkais, les ouvriers noirs de Bahia, les agriculteurs du Malawi, les cadres

3. « L'ethnologue dans le showbiz. Apprendre à *parler métier* », *Journal des anthropologues* (« L'anthropologie face à la langue »), automne-hiver 1994, 57-58, p. 30.

d'entreprise de l'ex-Allemagne de l'Ouest dans les usines de l'ex-Berlin-Est, les aborigènes australiens[4]...), les formes indigènes d'expression orale varient du dialogue en face à face aux assemblées publiques soi-disant anonymes. Cette typologie des situations n'est pas une donnée ehnologique puisque l'opportunité peut susciter de nouvelles formes et modalités d'énonciations formelles ou interindividuelles. Cette typologie pragmatique et conjoncturelle peut servir de pense-bête à l'ethnologue en quête d'opportunités. Rappelons encore une fois que la recherche de corpus « naturels » doit prendre le pas sur la fabrication de corpus *ad hoc* résultant d'entretiens. Du moins ces derniers doivent-ils être constamment confrontés aux premiers, ne serait-ce que pour détecter les biais spontanés suscités par la relation d'enquête. L'ethnologue doit penser à mener une enquête dans l'enquête et à la réorienter en conséquence de manière permanente. Il doit aussi penser qu'il ne peut enregister le flot permanent des paroles de ses interlocuteurs, que ces derniers constituent le groupe focal de l'enquête ou un échantillon plus ou moins représentatif. Au sens technique du terme, l'ethnologue n'observe et n'étudie qu'« une tranche de vie », même s'il veut comprendre la vie dans sa totalité.

Je distinguerai ainsi quatre grandes catégories d'interactions d'enquête orale rapportée à l'ensemble de ses étapes ordinaires.

3.1 Les interactions exploratoires et les entrées en matière

L'arrivée sur le terrain, la présentation par l'ethnologue de ses intentions et de sa manière de faire constituent à l'évidence un moment charnière. Mais aucune règle commune ne peut être tirée de l'arrivée dans un campement jivaro, comme le rapporte Ph. Descola, et de l'introduction d'un ethnologue dans une usine bangladeshie par le biais de la hiérarchie, comme nous le décrit M. Selim[5]. Les modèles interprétatifs locaux préexistants orientent

4. Cette liste diffère de celle que j'ai fournie au début d'*Introduction à l'ethnologie et l'anthropologie* (1996, p. 7) ou à la page 13 du chapitre 1. Il n'y a jamais de liste exemplaire de terrain en ethnologie, la diversité des facteurs est trop grande !

5. Voir le prologue de Ph. Descola (1993, pp. 43-44) et M. Selim, *L'Aventure d'une multinationale au Bangladesh*, Paris, L'Harmattan, 1991, pp. 26-27.

les salutations, les conversations, le niveau de langue et d'implication. La nature de l'activité sociale et la tradition de l'apprentissage linguistique sur le tas concourent à laisser faire le temps. D'ailleurs, aujourd'hui, c'est peut-être ce qui manque le plus à l'ethnologue, alors que l'entrée en matière doit être souple, éviter les blocages, les quiproquos. C'est probablement le moment de l'enquête le plus important et le moins sujet à modification. L'époque des pré-enquêtes, du moins sur les terrains lointains, est révolue : l'enquête ethnologique d'aujourd'hui (sauf celles qui se déroulent à demeure et encore) se fait sans « répétition » et sa nature risque de changer aussi pour cette raison.

3.2 Conversations, discussions, réunions

Les formes naturelles de la sociabilité et de l'interaction rituelle, politique constituent les meilleurs opportunités d'observation et donc d'explicitation des actions et des situations. Mais nous pouvons distinguer la réunion collective en quelque sorte anonyme, imprévue ou spontanée, des réunions et cérémonies organisées, prévues et en un sens officielles. Le cas de ces dernières est examiné plus loin. La reconnaissance de la présence de l'ethnologue étant admise, l'enregistrement et la prise de notes peuvent prendre les formes les plus diverses mais, si le magnétophone peut paraître discret, la prise de notes (donc le carnet et le crayon) et la posture qui lui correspond le sont moins.

La phase déambulatoire, conversationnelle confirme en un sens les principes de la fameuse « observation participante ». L'ethnologue est là et, vaquant à ses affaires, cause avec qui bon lui semble, se fait interpeller, et interpelle à son tour (enquêtant et interrogeant l'air de rien). Le plaisir de la reconnaissance publique ne doit pas interdire un certain activisme et interventionnisme mais la multiplicité simultanée des tâches, le caractère anodin, haché, utilitariste, mais tout aussi personnalisé de l'information communiquée, peut à première vue dérouter puisque celle-ci ne semble pas posséder de finalité culturelle explicite. Ces conversations et discussions font de mauvais textes ethnologiques même s'ils sont pertinents d'un point de vue ethnolinguistique (pour reprendre la distinction de J.-L. Siran).

3.3 Les entretiens

L'enquête ethnologique est aussi une entreprise volontariste avec des méthodes de collecte et d'élucidation dont la systématisation permet justement de parler d'enquête. Sont à prendre en considération toutes les formes possibles d'entretiens, de questionnements, explicitement destinés à justifier et à prouver le travail (et donc la raison d'être de la présence) de l'ethnologue. L'entretien ethnologique se voudrait *a priori* peu directif mais la corrélation, la vérification constituent l'obsession par excellence du chercheur. Véritable tonneau des Danaïdes, l'entretien de l'ethnologue ne cesse d'engranger des informations qui en appellent d'autres, qui s'enfuient. Comme le dit J.-L. Siran, « Où commence ? Où finit une relation d'interlocution ? Voilà notre chercheur maintenant désemparé quand la réalité lui file entre les doigts comme un sable mouillé alors qu'il croyait bien avoir en main un galet » (*ibid.*, p. 113). Les particularités de l'entretien ethnologique tiennent au degré de compétence linguistique de l'ethnologue et à la présence constante ou occasionnelle d'un interprète ou traducteur. Le couple à trois (chercheur-interprète-informateur) ne transforme pas la situation ethnologique en vaudeville mais en une source possible de compromis, de cachotteries, ou évidemment de quiproquos. Les remarques nombreuses consacrées à l'entretien sociologique ou d'ethnographie sociologique, à priori plus explicites, dans un environnement social plus partagé ou connu réciproquement par les partenaires, enquêteur et enquêtés, sont certainement les bienvenues pour l'éducation de l'ethnologue[6].

Anne Doquet montre la rentabilité différentielle des comportements ethnologiques en matière d'information orale. Enquêtant en pays dogon, pays ethnologisé s'il en fut, lassée des faux-semblants et des stéréotypes lorsqu'elle conduit des entretiens sur les masques, elle décide « d'abandonner carnet d'enquête et magnétophone ». « Aussi, je profitai de ces dernières semaines pour flâner dans le village, laissant les journées se dérouler de façon impromptue… C'est ainsi qu'aux moments d'enquête officiels se substituèrent de longues parties de cartes accompagnées de bière fraîche…

6. Voir les volumes de la collection « 128 » sur la question, et particulièrement *L'Enquête et ses méthodes : l'observation directe* de A.M. Arborio et P. Fournier (1998).

Ma recherche m'envahissait l'esprit, je glissais régulièrement dans les conversations les plus banales des questions sur l'ethnologie ou sur le masque. Il est manifeste qu'en ces moments de détente, nous étions sortis du cadre de l'enquête et des réponses toutes faites qu'elle induisait» (1998, pp. 315-316).

Cette adéquation n'est certainement pas généralisable, puisqu'elle porte un regard en abyme sur une société dont les masques ont été définis comme centraux par une ethnologie connue et refabriquée par les ethnologisés eux-mêmes (dans la mesure où elle a été «fabriquée» dès le départ au cours des enquêtes de M. Griaule). Mais il est tout de même évident que l'entretien fabrique de l'oral et donc du social à la mesure du regard ethnologique.

3.4 Le récit et l'histoire de vie

L'anthropologie possède une longue tradition en matière d'entretiens extensifs, de longue durée qui permettent de construire des récits de vie. Dès le XXe siècle les ethnologues américains ont recueilli de nombreuses biographies indiennes et l'expérience personnelle et personnalisée de la culture comme mode d'explicitation (les âges de la vie) renvoie à des préoccupations théoriques où les emprunts à la psychologie puis à la psychanalyse sont visibles. Là encore, le réflexe de l'exemplarité culturelle et anthropologique a joué, transformant l'anthropologue en journaliste ou analyste qui met à jour le patrimoine culturel emmagasiné dans la mémoire de l'éducation, où le souvenir des pratiques est dans l'image de soi et de sa négociation publique. L'idée que les ethnologisés avaient une vie privée standard, aux qualités considérées comme publiques parce qu'identiques pour tous, a fait beaucoup de tort à la discipline, en vulgarisant une approche considérée à priori comme facile et rentable scientifiquement. Le talent de l'informateur n'interviendrait pour sa part qu'avec les dangers de supercherie ou d'exploitation selon l'état des rapports entre ce dernier et l'ethnologue. Dans ce cas, le récit de vie n'a plus rien à voir avec une formalisation de la conversation puisque la récurrence et la vérification des questions, la longue durée nécessaire qui immobilise l'informateur, l'absence de maîtrise de ce dernier (sauf exception) sur la fabrication orale et arbitraire de son récit constituent autant de contraintes professionnelles de l'enquête.

Les leçons des notes de terrain vues par Roger Sanjek et revues par Jean-Pierre Olivier de Sardan

C'est à une véritable anthropologie de la connaissance anthropologique des notes de terrain que nous convient R. Sanjek et ses collègues[7]. Reprenant les remarques de Helen Codere, éditrice de *L'Ethnographie kwakiutl* de Frantz Boas, il distingue trois contextes sociaux de transcription des textes : 1. un mythe récité hors de son contexte à la demande de l'ethnologue ; 2. un texte enregistré lors de son énonciation devant les indigènes et l'ethnologue réunis ; 3. un compte rendu technique fourni à la demande de l'ethnologue mais qui ne sera jamais énoncé tel quel à l'identique dans d'autres circonstances. R. Sanjek met en avant les principes critiques de la sociolinguistique contemporaine, qui s'opposent à l'inspiration du modèle « petit-bourgeois » occidental d'interview dans l'énonciation linguistique et qui valorisent les formes culturelles endogènes d'expression et d'écoute apprises grâce à l'observation participante.

La parole n'est pas sans attaches : elle relève d'une situation où il y a des participants, une occasion, des intentions et d'autres éléments sociaux et linguistiques. Dès l'époque des terrains de B. Malinowski et M. Mead, on trouve des transcriptions d'énonciations dans leur carnets de notes et pas seulement des « textes » ou des entretiens directifs. Selon R. Sanjek, il y aurait un continuum qui va du terrain de l'informateur à celui de l'ethnologue[8]. Lorsque l'ethnologue est sur le terrain de l'informateur, nous avons affaire à un *speech in action* ; lorsque c'est le contraire, il s'agit d'un entretien ou d'une interview. Certains informateurs proposent parfois spontanément de l'information et d'autre part tous les entretiens directifs ne sont pas inutiles.

7. L'éditeur de l'ouvrage collectif *Fieldnotes* (« Notes de terrain », 1990) sous-titre son recueil « Les fabrications de l'anthropologie ». Cet ouvrage aborde en une quinzaine d'articles le statut des notes de terrain, leur utilisation, leur écriture, leur échange et finalement leur transformation en une ethnographie.

8. R. Sanjek évoque de nombreux travaux s'étant déroulés sur des terrains américains, ce qui pose le problème de l'influence de la sociologie ou des emprunts à cette dernière.

Ce continuum se présente de la manière suivante :

a. *Le terrain de l'informateur sous le contrôle de l'informateur* : c'est l'écoute situationnelle qui permet de noter des conversations et des « ragots ». Le hasard peut jouer son rôle.

b. *Le terrain de l'informateur sous un contrôle partagé* : c'est la conversation *in situ* au cours des activités domestiques et quotidiennes.

c. *Le terrain de l'informateur sous contrôle de l'ethnologue* : il s'agit de la période de vérification ou de collationnement.

d. *Le terrain de l'ethnologue sous le contrôle de l'informateur* : il s'agit là des entretiens non directifs où l'ethnologue se contente de relancer la conversation.

e. *Le terrain de l'ethnologue sous un contrôle partagé* : ce serait l'entretien semi-directif, ni formel ni informel. L'ordre des questions importe peu et la transcription peut être simultanée ou ulterieure (c'est le cas de l'entretien ethnographique par excellence).

f. *Le terrain de l'ethnologue sous le contrôle de l'ethnologue* : le questionnaire fermé et préconstruit n'est pas le seul cas de figure ; on peut inclure dans cette catégorie les tests de toutes sortes ou les questions qui relèvent de l'inventaire systématique (listes, généalogies, lexiques, etc).

Dans son article « La politique du terrain », J.-P. Olivier de Sardan redéfinit ce continuum de manière légèrement différente, en distinguant les phases de la consultation, de l'interaction, de la conversation, de la négociation invisible, du récit pur et simple. Il reprend C. Briggs pour son point de vue excessif (dans la mesure où c'est chez ce dernier que R. Sanjek a puisé son inspiration) [1986] parce qu'il « sous-estime les capacités réactives des interviewés » et « déprécie […] les fonctions référentielles de l'entretien, c'est-à-dire l'information qui est tant bien que mal délivrée à travers les "biais" » (De Sardan, 1995, p. 83).

L'ethno et la sociolinguistique contribuent ainsi à éclairer les sources de l'enquête de terrain mais elles ne doivent pas prendre le dessus et en devenir l'objet central et exclusif.

4. PHÉNOMÈNES COLLECTIFS ET RITUELS, CÉRÉMONIES ET FÊTES

J. Middleton décrit en 1970 le premier enterrement auquel il peut assister en pays lugbara (Ouganda), mais il ne comprend pas ce qu'il voit et ce qu'il entend. Il explique qu'une situation apparemment désordonnée et chaotique (cris, chants, danses) n'offre aucune tranquillité pour prendre des notes. Il faudra qu'il assiste à de nombreux enterrements, qu'il saisisse bribe par bribe les réflexes culturels face à la mort (d'un proche ou d'un voisin), pour pouvoir enfin comprendre quelque chose. Et encore ses interlocuteurs ont du mal à lui expliquer ce qui s'est passé. En ce qui concerne les sacrifices, il attend aussi un certain temps, entre autres raisons « parce que sa connaissance de la langue n'était pas suffisante pour comprendre ce que disaient plusieurs personnes parlant à la fois » (J. Middleton, 1970, p. 51), mais la difficulté est plus liée à un problème de fond car « [...] un rite de ce genre embrasse un grand nombre de relations sociales, de tensions, de conflits et d'ambitions et c'est une interprétation dramatique d'un changement complexe au sein d'un réseau de rapports entre parents de statuts divers » (*ibid.*, p. 53).

A. Haugerud, pour comprendre la culture politique locale d'une région du centre du Kenya, observe et enregistre les meetings (*baraza*) tenus dans le district d'Embu[9]. L'enregistrement au magnétophone simplifie la collecte mais l'analyse sociolinguistique et ethnologique (menée au début avec un collègue kenyan) lui permet de restituer les interactions verbales entre orateurs, entre ces derniers et le public en anglais, swahili ou gikuyu dans leurs formes officielles ou plus populaires (variations fréquentes de registre ou *code-switching*). La qualité de l'observation (facilitée par l'enregistrement d'une réunion publique autorisée) et l'analyse sociolinguistique permettent de reconstituer la dynamique des *événements*.

Entre ces deux extrêmes, l'observation « naïve » et la reconstitution postérieure, il y a place pour des enregistrements pluriels au travers d'une enquête rétrospective qui reprend les « discours » du ritual, de la cérémonie, les points de vue des acteurs interviewés pour expliciter et compléter

---

9. *The Culture of Politics in Modern Kenya*, Cambridge, Cambridge University Press, 1995.

l'information des enquêteurs, assistants, collaborateurs ou amis (ou encore conjoint) de l'ethnologue. Cette reconstitution permet de donner un sens au phénomène, d'en ordonner les points centraux et les réactions : elle n'est pas une transcription directe et donc textuelle de ce qui s'y est dit. Cette perspective peut donner l'illusion d'un fait social total mais, en réalité, celui-ci ne va pas de soi : il résulte de l'intervention de l'ethnologue qui en sélectionne les paroles rituelles ou anodines et élabore un signifiant textuel propre. L'événement banal devient nécessairement exceptionnel par le fait de sa sélection d'une part et de la compression de l'expression orale et verbale qui a été prononcée à cette occasion[10].

5. De la tradition et des traditionnistes

L'un des grands mythes de la tradition orale et de la tradition… ethnologique est le récit que le vieux sage dogon Ogotemmêli fait en 1946 à Marcel Griaule et que ce dernier publie en 1948 sous le titre de *Dieu d'eau*. La littérature ethnologique sur les Dogons est considérable et l'étude ethnologique de ce texte a suscité de nombreuses critiques et remises en cause des méthodes d'enquête mais aussi des conceptions sociologiques et ethnologiques de l'ethnologue[11].

En transformant des entretiens en un récit de révélation d'un savoir ésotérique, M. Griaule annule les conditions de production de ces informations. Il en fait un mythe homogène qui semble refléter la culture profonde, « la seule qui soit importante » (1952, p. 545), d'autant que la présentation littéraire de *Dieu d'eau* exclut toute l'érudition ethnologique habituelle de l'édition d'un « texte » de tradition orale.

On voit bien avec cet exemple que la conception théorique de la société à étudier finit par définir les instruments et les conditions de l'enquête. Visiblement, dans *Dieu d'eau*, c'est Griaule qui invente la tradition et non son informateur. Jacky Bouju analyse, à propos des Dogons justement, la nature même de la tradition, « éminemment politique » : cette dernière

10. Chacun peut s'inventer un exercice de ce genre à partir d'une cérémonie de mariage, d'un accident ou... d'un cours à l'université !

11. A. Doquet essaie de mettre ces diverses analyses et critiques en perspective.

« fonde la légitimité en positions d'autorité » et, par conséquent, « on est ici très loin d'une conception de la tradition comme savoir général et théorique sur le monde qui serait distinct du savoir ordinaire » (1995, p. 113). L'invention de la tradition par le traditionalisme dogon confirme que cette société n'est justement pas traditionaliste. Certes, la majeure partie des entretiens, interviews, paroles enregistrées et notées par l'ethnologue n'ont rien à voir directement avec la tradition : ce ne sont pas des textes (mythes, généalogies, proverbes) et ils ne peuvent échapper à la quotidienneté de l'énonciation. La présence a-critique, inconsciente et réflexive de la notion de tradition dans le sens commun ethnologique fait que l'ethnologue a toujours tendance, peu ou prou, à rapporter ces paroles à « la tradition » puisqu'elles refléteraient un tout, autrement dit une culture.

C'est pourquoi une sociologie de la tradition orale s'impose après une ethnolinguistique de la parole et de l'énonciation. La sociologie des traditionnistes éclaire la sociologie des énonciateurs considérés en quelque sorte comme des traditionnistes anonymes, des traditionnistes qui s'ignorent… mais que l'ethnologue, lui, n'ignore pas[12]. Ainsi les griots, les responsables rituels ou politiques, les anciens sont-ils des personnages de la tradition qui mobilisent l'attention et qui d'ailleurs, dans certains cas, attirent l'attention volontairement sur eux à des fins de prestige, de rémunération ou de stratégie de légitimation. L'ethnologue se doit d'être doublement attentif : de cette incarnation de la tradition et des paroles qui vont en découler.

Il existe des langues spécialisées, ésotériques, secrètes auxquelles l'ethnologue peut avoir accès dans certaines conditions[13]. Mais il ne faut pas oublier que leur intérêt ne peut jamait être immédiat : leur réalité et leur fonction doit transiter à la fois par le sens social de cette spécialisation et par les points de vue des acteurs plus ou moins tenus à l'écart de ces « traditions », qui en ignorent le sens courant dans la mesure où les autorités morale, religieuse ou politique tiennent leur légitimité de ce silence. Ici, la protection de l'informateur comme règle déontologique de base s'impose doublement, par rapport à lui-même et par rapport aux autres.

12. Citons sur ce point les réflexions de Pascal Boyer (1986, 1989) et de Gérard Lenclud (1987, 1994).

13. Voir la recherche de Michel Leiris (1948), les expériences d'initiation de R. Bastide, R. Jaulin ou C. Castañeda.

6. Du présent ethnographique à l'anthropologie historique

Mais si les traditions sont des réinventions, des « rétrospections camouflées[14] », il faut néanmoins se poser la question de leur historicité et de leur contenu ethnologique et sociologique. En effet, pendant longtemps, l'ethnologie a construit un présent ethnologique très positiviste : partant du principe que le présent était la culture ou la tradition en acte, les discours et « traditions orales » des interlocuteurs et informateurs relevaient autant de la mémoire restituée que de la contemporanéité de la présence de l'ethnologue. Les critiques de ce type d'ethnologie remontent à une trentaine d'années et elles proviennent essentiellement du développement d'une véritable anthropologie historique (ou ethno-histoire) : celle-ci a prouvé la qualité documentaire et « historique » des soi-disant traditions, mais surtout elle a suggéré qu'au-delà du changement moderne et du développement des XIXe et XXe siècles, on pouvait rencontrer des dynamiques plus anciennes, tant chronologiques et politiques que sociales, culturelles et rituelles.

L'ethnologie d'aujourd'hui ne peut faire abstraction de cette nouvelle façon de voir les sociétés et cette perspective renouvelle non seulement le projet anthropologique mais aussi la méthode d'enquête de terrain. Ainsi, la réputation de l'anthropologie historique africaniste n'est plus à faire. L'ancêtre en est probablement l'historien Jan Vansina, spécialiste de l'histoire de plusieurs populations du Congo (1961, 1985). Ses réflexions sur *La Tradition orale comme histoire* devraient servir d'introduction préalable à toute enquête anthropologique qui rencontre, qu'elle le recherche ou non, le passé dans le présent qu'elle observe et qu'elle recueille. Selon certains anthropologues, la tradition orale ne permet pas de remonter plus loin que le XIXe siècle (J.-P. Olivier de Sardan, 1984), mais d'autres anthropologues comme E. Terray ont démontré magistralement qu'on pouvait essayer de remonter aux XVe et XVIe siècles et confronter sources orales et sources écrites : « À notre avis la mémoire collective, au moins

14. C'est le sens des analyses de Jean Pouillon. Voir notamment « Tradition : transmission, ou reconstruction » in J. Pouillon, *Fétiches sans fétichisme*, Paris, F. Maspero, 1975, pp. 155-173, et « Plus c'est la même chose, plus ça change », *Nouvelle Revue de psychanalyse*, XV, 1977, pp. 203-211.

dans les sociétés africaines que nous connaissons, ne se livre que de façon exceptionnelle à des fabrications ou à des inventions pures et simples ; en règle générale elle procède à la transformation – ou si l'on préfère à la déformation – d'une matière première. Celle-ci n'est autre que la représentation de l'événement tel qu'il s'est formé dans l'esprit des contemporains ; d'ordinaire, elle est elle-même d'emblée le lieu d'un conflit ; diverses opinions, diverses interprétations s'affrontent en son sein, et elle est donc originellement confuse, complexe, contradictoire. L'évolution ultérieure vient à son tour l'infléchir, parfois l'appauvrir, parfois la gonfler, en fonction du rapport des forces entre les intérêts qui s'entrechoquent autour d'elle : ainsi naissent les discours que nous enregistrons » (E. Terray, 1995, p. 12).

Une telle conception des traditions orales conduit d'ailleurs J. Bazin à proposer une sociologie de la production narrative, à traiter les traditions non seulement comme des sources mais comme des produits : « [...] Plus nous sommes parvenus à élucider les conditions de la production narrative, plus les récits dont nous disposons se révèlent riches d'informations insoupçonnées ; car traités comme des produits et non plus seulement comme des "sources", ils ne *disent* plus seulement l'histoire, ils *sont* eux-mêmes une histoire sédimentée, à la manière d'un monument où peut se lire la série des remaniements architecturaux successifs dont résulte sa structure finale » (J. Bazin, 1979, p. 436).

Une telle approche permet de mettre en lumière les problèmes de la restitution de la temporalité indigène des phénomènes sociaux. L'ouvrage de Richard Price, *Les Premiers temps* (1994) est de ce point de vue un modèle du genre. Il reconstruit l'histoire vécue, vue et transmise par les Saramaka du Surinam depuis le XVIIIe siècle. L'anthropologue américain définit ainsi sa méthode : « Dans ce livre, l'unité d'analyse est l'événement. En rassemblant des fragments d'histoire (souvent une seule phrase) racontés par les uns et les autres, en les comparant, en en discutant avec d'autres personnes, en les opposant à d'autres versions et en les mettant à l'épreuve des sources écrites contemporaines, j'essaie de présenter un tableau du savoir commun partagé par les Saramaka les plus compétents dans ce domaine. Mon *modus operandi* repose sur des comparaisons constantes, des débats contradictoires et des comptes rendus d'entretiens avec les Saramaka eux-mêmes plutôt que sur la collecte passive de textes » (*ibid.*, p. 47).

Price explique ensuite les modifications de la situation des Saramaka et le danger qu'il y a à écrire, à fossiliser et à diffuser une histoire facilement transposable en images d'Épinal, alors que touristes et étrangers sont de plus en plus nombreux et changent les termes du débat: «Dans le monde neuf que les jeunes bâtissent, savoir manipuler une machine ou conduire un tracteur devient plus important que connaître la distribution clanique des terres ou les chants ésotériques. Ce qui autrefois n'était que perte graduelle du savoir par le biais de remodelages d'expériences passées visant à permettre de nouveaux projets de société – condition caractéristique de tout système évolutif – est à l'heure actuelle une fuite accélérée qui pourrait bien conduire à une disparition totale du savoir» (*ibid.*, p. 48).

Les traditions orales peuvent se transformer non seulement en formes idéologiques mais même en traditions nationales ou ethniques. Le dirigeant canaque J. M. Tjibaou magnifie la parole comme gage de l'authenticité en utilisant une certaine tradition ethnologique et, ce faisant, il transforme un discours villageois en mythe moderne: «Le récit privé devient parabole» (Bensa, 1995, p. 299). «Pour exprimer une revendication nationaliste qui transcende les clivages claniques, linguistiques, territoriaux et invite les non-Kanaks à reconnaître les fondements culturels de cette exigence, une tradition orale toujours vivace régionalement est détournée de sa signification initiale et fait l'objet d'une interprétation aux accents chrétiens. La "nationalisation" d'un texte coutumier privé pose le peuple kanak en sujet [...]» (*ibid.*). Ce détournement devient l'un des contextes majeurs de l'oralité d'aujourd'hui.

Bogumil Jewsiewicki, de son côté, nous invite à enregistrer la mémoire des acteurs contemporains. Opposant cette dernière à la tradition orale (conçue de façon bien traditionnelle et non critique), l'historien nous explique ce qu'est la mémoire collective dans le champ politique: «Prises dans cette optique, la mémoire individuelle et la mémoire collective s'articulent, s'affrontent, se nourrissent l'une l'autre, se contredisent [...] La mémoire n'est ni un récit ni une liste (généalogie par exemple), mais une configuration signifiante des "lieux de mémoire", qui, sans qu'un récit ne soit nécessairement produit, organisant les mémoires individuelles, accordent une importance variable aux *événements...*» (Jewsiewicki, 1991, pp. 59-60). Cette perspective est issue d'une expérience africaniste (1993) mais elle est facilement généralisable. L'ethnologie française d'aujourd'hui ne contribue-t-elle pas, par exemple, à retrouver le sens des traditions syndicales et de la mémoire ouvrière[15] ?

7. Existe-t-il une littérature orale ?

Comme le note si ironiquement Alain Ricard, « tout Africain qui parle ne produit pas de la littérature orale ! » Il ajoute : « La parole s'inscrit dans des cadres sociaux, des cadres linguistiques, et s'organise autour de schémas prosodiques et/ou génériques pour être vraiment une forme d'art oral, c'est-à-dire une littérature orale [...] » (1995, p. 33).

Dans son chapitre sur « La tradition et l'oralité », il nous rappelle le poids d'une perspective pseudo-ethnologique qui a accordé peut-être trop d'importance au contenu sémantique et social de cette littérature. De plus, le contexte francophone a survalorisé la transcription de cette littérature en langue française au point qu'« il s'opère un fondu-enchaîné entre le texte oral africain et le texte écrit français [...] La littérature orale traditionnelle est née, dans un livre ! » (*ibid.* : p. 39.) Il faut plutôt s'inspirer de J. E. Mbot (1975), selon lequel « le texte oral est le résultat d'une chaîne d'interventions textuelles qui sont des rapports sociaux : entre informateurs – poètes ou conteurs – et transcripteurs, entre transcripteurs et traducteurs, entre traducteurs et éditeurs » (*ibid.*, p. 42).

Les travaux les plus approfondis portent sur des traditions « poétiques » et donc sur les producteurs de ces œuvres. En Afrique de l'Ouest, et notamment en pays mandé, ce sont les griots qui remplissent cette fonction de médiation entre la parole et la société. Les études de Sory Camara sont tout à fait décisives sur ce point (1992). Ce corps de spécialistes produit des textes publics connus de tous, alors que les maîtres de la parole initiatique (*somo,* « initiateurs ») dispensent un savoir ésotérique. La diversité des « textes » oraux est ainsi une évidence et elle contribue à une intertextualité qui, incluant l'écriture contemporaine, peut déboucher sur un métissage linguistique. L'ethnologue doit donc bien savoir *qui* parle lorsqu'il écoute, enregistre ou lit « un texte ».

15. Voir « Les productions symboliques ouvrières » (sous la direction de Noëlle Gérome), *Ethnologie française*, 14, 2, 1984.

6

L'OBSERVATION

La seule présence physique de l'ethnologue, au cœur de l'expérience et de l'action (sociale !), confirme d'emblée l'importance de l'observation, le rôle à la fois technique et analytique (discriminant) du regard humain mais aussi tout simplement du porteur de ce regard. Il permet à l'ethnologue non seulement de savoir où il se trouve, de reconnaître ses interlocuteurs et de se repérer dans l'espace des objets materiels et des lieux, mais il assigne aussi une spatialité au « bruit » et à la « fureur » des paroles et des échanges verbaux. L'identification ethnologique provient d'abord, au sens commun du terme, d'une différence visuelle des couleurs, des formes, des démarches et des sons (sans parler des odeurs). L'ethnologue, paraphrasant Jules César, pourrait s'écrier : « Je suis venu, j'ai vu, j'ai tout pris en note ! » Cependant Marcel Mauss, évoquant le danger de l'observation superficielle, ajoute : « Ne pas croire. Ne pas croire qu'on sait parce qu'on a vu » (1967, p. 9).

C'est pourquoi l'observation des comportements est plus qu'un complément concret, illustré et illustratif, au signifiant des énoncés. Une telle problématique explique la position centrale, quoique encore marginale, de l'anthropologie visuelle dans le projet ethnologique : la vision est une observation, elle se construit, se déconstruit et se critique, elle est un savoir en acte. Le succès de l'expression d'« observation participante » devient ainsi évident même si la culture ethnologique est plus le résultat d'une série d'écoutes, de dialogues, donc d'échanges sociaux, que de regards sans réponse directe, d'un voyeurisme en quelque sorte aveugle. Enfin, une telle caractéristique permet de distinguer provisoirement l'ethnologie de la sociologie, du moins aujourd'hui en France, dans la mesure où l'observation y demeure encore une méthode seconde et non, au sens philosophique, existentielle (Peretz, 1997).

Gérard Lenclud nous explique que sur ce point les ethnologues ne sont guère différents des voyageurs qui les ont précédés : « Le langage observationnel de l'ethnographe, tout autant mais autrement que celui du voyageur, ne dit pas le monde ; il en parle [...] Sitôt posé sur le monde le regard traite les données ; l'information, à l'instant même où elle est enregistrée par l'œil, est commentée» (1995, pp. 116-117). Pour François Laplantine, «la description ethnographique est loin de se limiter à une perception exclusivement visuelle » (1996, p. 17). Mais l'activité perceptive prend sens, matérialité parce qu'elle est aussi une activité linguistique d'écriture. Nous avons vu que la parole orale devenait un texte. Ici, c'est le regard (et d'abord de l'ethnologue, au contraire de la parole qui est plutôt celle des autres) qui devient un texte. Et c'est l'histoire de ces textes descriptifs qui a éduqué et socialisé le regard ethnographique. Comme le conclut G. Lenclud : «Que ces faits [ethnographiques] aient été observés par un "témoin direct" – mais après tout quel est donc le fait historique qui n'aurait jamais été, en son temps, observé par un œil ? – ne leur confère aucune supériorité épistémique, seulement une texture différente, une tonalité singulière» (1995, p. 129).

1. L'OBSERVATION COMME PRÉSENCE

L'évidence de l'observation fait obstacle à l'apprentissage du regard ethnographique. Malgré le rôle des traditions naturalistes et muséographiques dans la définition du voyage ethnologique au XIXe siècle, ce dernier va très rapidement, à partir de la mythologie malinowskienne, trouver ses propres justifications.

C'est le naturaliste qui décide où porter son regard, c'est sa culture scientifique professionnelle qui lui permet de repérer la nouveauté, de discerner la différence et de classer les particularités. Il est entièrement maître, *a priori*, de l'exploration d'un type de milieu et de la capture nécessaire d'un spécimen. C'est un regard préparé, cultivé, codifié. L'expérience de collecte d'objets usuels ou cérémoniels, personnels ou culturels ne peut se contenter de suivre les mêmes protocoles. Certes les techniques instrumentales suscitent des classements et l'archéologie préhistorique élabore ainsi l'hominisation[1]. Mais ces classements renvoient à des conceptions théoriques globales où convergent l'ensemble des produits de la culture. La description banale, apparemment technique, nécessite ainsi des compléments contextuels et

1. Voir les œuvres d'André Leroi-Gourhan.

comparatifs : les usages des objets, la confrontation des (usages des) objets, les objets comme matérialisation des cultures et des sociétés.

La collection des objets n'est pas close sur elle-même, en ce qu'elle fonde les bases d'une systématique humaine, à la fois naturelle et culturelle. L'objet appelle une enquête auprès de ses producteurs. L'enregistrement des usages et des coutumes conforte le projet anthropologique. Le contact direct induit ses propres règles. L'information verbale qui doit être traduite et explicitée illustre la réalité brute. L'observation paraît donc suspendue aux lèvres des informateurs parce que son sens *ne peut s'observer* dans sa totalité.

Le paradoxe n'est pas que l'ethnologue ne voit pas ce qu'il y a à voir, qu'il a été attiré par un détail frappant, en fait sans intérêt ou inversement[2]. Ces évidences du sens commun sont vraies et il convient de les rappeler pour se persuader que l'observation ethnologique relève de plusieurs registres, du plus simpliste au plus ésotérique.

Enfin, si l'observation est mémorisation, elle est aussi, immédiatement ou à retardement, écriture, et c'est tout le registre de la description, des écritures de l'observation qui prennent le dessus. En 1965, un ethnologue aîné m'avait conseillé d'emmener Honoré de Balzac sur le terrain. Pourtant à y réfléchir n'aurait-il pas été plus judicieux de se plonger dans le Nouveau Roman et d'observer à la façon d'Alain Robbe-Grillet par exemple ?

La déontologie de la présence s'impose à tous et dès Malinowski l'ethnologue a pu imaginer certaines observations ou du moins contextualiser *a posteriori* certaines scènes (Stocking Jr., 1983). Tout comme certains journalistes peu scrupuleux, l'ethnologue a pu ne pas être présent sur « les lieux du drame » et rattraper son absence par une évocation de ce qu'il aurait pu ou dû voir. L'observation donne force mais elle peut être reprise d'un autre témoin, d'un acteur voire d'un document écrit ou photographique. L'obser-

2. Voir le film de Timothy Asch et Napoléon Chagnon, *The Axe Fight* (couleur, 1975, disponible à la SFAV), où la même séquence de conflit est présentée trois fois : la première à l'état brut, telle qu'elle a été tournée avec les commentaires simultanés de Chagnon qui explique à Asch ce qu'il croit voir ; la seconde, avec des ralentis et des schémas de parenté, nous explique visuellement qui est qui et qui fait quoi ; la troisième, montée, présente le film ethnographique tel qu'il doit être vu, ni à l'état d'un reportage sur le vif ni disparaissant sous les commentaires et le point de vue (écrit de fait) de l'ethnologue.

vation indirecte, l'observation *a posteriori* existent, reproduites au travers de l'enquête orale. L'ethnologue est partagé entre l'affirmation de la véracité de son témoignage, de sa présence physique et son obligation interprétative et anthropologique. Bref, l'observation est tout autant morale (l'anthropologue observateur de la différence) que pragmatique (« cela est ainsi, je l'ai vu»), tout autant scientifique (sélection, construction de ses objets) que littéraire (l'observation est plus ou moins une description écrite indépendamment de la situation).

L'observation est probablement le fondement emblématique de l'autorité ethnographique pour reprendre l'expression de James Clifford (1996) mais elle est aussi un puissant instrument de réécriture et d'affabulation (*tout comme les récits des interlocuteurs de l'ethnologue*). L'imagination anthropologique existe[3]; elle confine au témoignage, au journalisme, à la vulgarisation ; elle est nécessaire mais s'enracine toujours dans le principe de l'observation personnelle par l'ethnologue lui-même.

2. LES MÉCANISMES DE L'OBSERVATION

L'ethnologue n'est pas et ne veut pas être un homme invisible. Il doit donc définir progressivement les meilleures manières de voir en fonction des réactions et perceptions d'autrui. D'autant qu'il peut être sollicité pour observer et faire son métier d'ethnologue[4]. Les situations d'observation ont leurs règles et l'ethnologue n'observe pas pour le plaisir d'observer. Les actions publiques, collectives, rituelles, cérémonielles sont certainement captivantes pour l'esprit anthropologique car elles constituent des espèces de «faits sociaux totaux» qu'il convient d'enregistrer. Mais l'enregistrement mémorisé

3. À ne pas confondre avec l'expression d'«imagination sociologique» du sociologue américain C. Wright Mills, qui désigne une forme de conscience sociologique et politique que les acteurs doivent manifester pour comprendre le monde où ils se trouvent.

4. Voir la charmante anecdote rapportée par Michael Agar: «J'étais en Inde depuis quelques mois et j'étais en train de lire un livre dans ma cabane, me reposant avec en arrière-fond les bruits de la soirée dans le *tanda*. Tout d'un coup la porte s'ouvrie et j'entendis (je traduis avec une certaine liberté) : "Où est ton carnet de notes ? On a une cérémonie importante ce soir ici. Qu'est-ce qui se passe, tu ne travailles pas ce soir ?"» (Cité in R. Sanjek, 1990, p. 271.)

n'est pas évident ; quant à l'enregistrement photo-cinématographique, il est une observation construite qui sélectionne encore plus que le regard humain.

À ces plans d'ensemble et à ces panoramiques succèdent des situations intermédiaires, d'interaction à distance relative, où l'on observe une action plus individuelle ou limitée à un nombre restreint d'acteurs : un repas, une activité technique, une altercation familiale ou de voisinage. Enfin, il y a le face à face de l'ethnologue et de son interlocuteur où la gestuelle accompagnant les paroles joue son rôle, où l'observation de l'énonciation prend le dessus sur celle des acteurs et des choses.

À ces situations correspondent des séries croisées de caractéristiques : l'imprégnation silencieuse, le coup d'œil indiscret, l'observation concentrée et appuyée. La démarche physique présente également une certaine importance : de la déambulation nonchalante mais attentive à la station immobile et discrète, toutes les techniques corporelles de positionnement du chercheur, donc de la hauteur et de la direction de son regard, doivent concourir à élargir ou au contraire à restreindre son champ visuel ainsi qu'auditif. L'observation n'est jamais indépendante de l'écoute : d'ailleurs, certains pensent que l'observation n'est qu'une espèce de préalable logistique pour mettre l'oreille à portée des énonciations en cours ou probables. D'où une stratégie du regard pour voir ce qui mérite de devenir ethnographique dans l'interaction ou le spectacle en cours.

La déambulation et l'immobilité se construisent dans l'espace résidentiel, de travail ou de croyances (le village, le quartier, la résidence, l'usine, l'atelier, le terroir, l'église, le stade...). Elles dépendent donc des utilisations de ces espaces et des lieux où l'ethnologue peut s'afficher ou au contraire se réfugier voire se cacher. Les centralités sont bien connues (depuis la place du village jusqu'à la cage d'escalier) mais les périphéries ont leur mérite : on voit mieux ce que les acteurs n'affichent pas pour les autres, on perçoit mieux ce qu'ils réservent pour eux-mêmes. L'espace est toujours social et culturel : certes il n'est pas donné *a priori*, surtout pour l'ethnologue, mais l'observation des lieux, espaces, bâtiments, objets, voies de circulation et de rassemblement est une obligation. Ces derniers sont tout simplement le cadre de vie et seule l'expérience peut le saisir, d'abord de l'extérieur puis de l'intérieur. L'observation, c'est aussi la manifestation d'une dynamique, d'un processus, d'une appropriation raisonnée de l'espace des interactions humaines, symboliques et rituelles.

L'ethnologue n'a pas le droit d'aller partout ou n'importe où (comme chez lui). Maison des hommes, maison des femmes, hutte des circoncis, hutte de réclusion des jeunes filles menstruées, bois sacrés ou au contraire bureaux directoriaux, ateliers dangereux, autant de lieux aux règles d'accès que l'ethnologue n'a pas le droit de – et n'a pas intérêt à – remettre en cause[5]. Il y a les règles et il y a le tact, voire la tactique d'enquête qui poussent à réfréner les ardeurs de l'indiscrétion. Parfois il s'avère que les règles sont faites pour être violées ou qu'elles ne sont pas très évidentes. Toujours est-il que l'observation – le droit à la connaissance – est également réglementée, beaucoup plus sévèrement que la question mal posée ou faussement naïve à laquelle l'informateur peut refuser de répondre.

L'observation est à la fois comportement social et mémorisation technique ou analytique. Si le comportement est indissociable de la phase proprement dite de l'observation, le recours à la mémorisation devient lui une observation décalée, *a posteriori*. La fiabilité du résultat dépend autant de ce qui est vu que de ce qui est retenu. Les ethnologues le savent qui s'exercent à tout transcrire le plus rapidement possible le soir même dans l'isolement de leur lieu de séjour. Mais parfois ce n'est pas possible. De plus, tout l'art de la prise de notes intervient qui complique et élargit la nature de l'observation dépendante des qualités intellectuelles de transcription, de classement, en un mot d'écriture et de réflexion. L'image permet de conserver vivante l'observation, même si elle pose des problèmes spécifiques sur lesquels nous allons nous pencher.

3. L'IMAGE COMME OBSERVATION

« L'ensemble des signes visuels et sonores d'une séquence filmée constitue une somme d'informations difficiles à rendre par l'écrit : disposition dans l'espace, gestuelle, toucher, mimiques, etc. Freud ne disait-il pas que la difficulté de raconter un rêve vient de ce que nous avons à traduire l'image en paroles ?

---

5. Dans le film sur le terrain baruya de M. Godelier (voir page 23), on voit ce dernier visiter les jeunes filles cloîtrées dans la hutte des femmes en menstruation en connaissance de cause de l'interdit. Il doit se soumettre ensuite à un rituel de décontamination pour pouvoir continuer à travailler avec les hommes.

En construisant par le film une maquette de la réalité, l'anthropologie peut transposer ses connaissances dans une forme matérielle qui ne soit pas un texte» (Colleyn, 1990, p. 11).

Le cinéaste anthropologue nous explique ensuite ce que peut et ce que ne peut pas le film. Il ne restitue pas intégralement la réalité car «toute observation, comme toute description, est forcément sélective et incomplète. Nous ne pouvons être partout à la fois: il faut constamment choisir les angles de vue, les cadrages, les éclairages, les mouvements de caméra. Dans la vie quotidienne d'une communauté d'un lever de soleil à l'autre, seuls des fragments, des échantillons peuvent être saisis» (*ibid.*, p. 12).

Une fois admis que la photographie ou le cinéma (et aujourd'hui la vidéo) ne sont pas une simple reproduction brute de la réalité, qu'ils résultent, comme la prise de notes, d'une perception stratégique particulière, et que, de plus, leur matérialité ne va pas de soi, c'est-à-dire qu'ils méritent une analyse en tant que telle, on a peut-être tout dit mais on n'a rien réglé au niveau ethnologique (et même ethnographique). Jean Rouch était d'ailleurs catégorique sur ce point: « [...] caméras et magnétophones, pour autant perfectionnés qu'ils deviennent, ne remplacent et ne remplaceront jamais les modes classiques de l'enquête ethnographique.

Le film d'une cérémonie n'est réalisable que si l'on en connaît déjà le déroulement et la signification, il n'est utilisable ensuite qu'accompagné d'un texte précis expliquant ce qu'aucune image ou aucun commentaire ne peuvent montrer ou dire» (1968, p. 430).

Énumérons tout d'abord les problèmes posés par une reproduction, animée ou non, des phénomènes de la réalité sociale et culturelle.

1. Cette réalité n'est pas plus visible à l'œil nu qu'à la reproduction technique: elle est vue autrement, elle est regardée de manière décalée. Comme le dit Bernard-Richard Emond: «la réalité sociale est largement invisible [...] et [...] la cueillette des données audiovisuelles ne produit jamais à elle seule, la connaissance scientifique [...] Lorsqu'un cinéaste filme une interaction quelconque, il n'enregistre pas des "rapports sociaux" mais bien des images et des sons» (1978, pp. 34-35).

2. L'image est donc un complément, un palliatif ou un prolongement des perceptions de l'œil humain et du processus d'observation. Les activités techniques, les *événements* collectifs, longs et complexes, les phénomènes langagiers, musicaux constituent pour B.-R. Emond une justification excellente et suffisante de son usage. M. Fielloux et J. Lombard vont toutefois plus loin car ils pensent « que le cinéma anthropologique peut, par ses propres découpages du réel, induire des choix d'ordre théorique et donc contribuer à construire des objets propres. En effet, l'image est un moyen important pour approcher et rendre compte du rôle de l'affectivité dans le champ des relations sociales et non seulement dans le domaine de la psychologie des individus. En matière d'observation et d'explication des faits religieux [...] l'image permet de construire des objets spécifiques comme les manifestations du sentiment religieux, les expressions de la croyance, les signes de l'invisible, la prière, etc. » (1998, p. 16).

Christian Papinot, quant à lui, s'est interrogé sur la possibilité d'une « pratique photographique participante » (1992). C'est en prenant des photos qu'il a pu mesurer concrètement le sens attaché à cette dernière, à la demande et à la réception de celle-ci par ses interlocuteurs. Car, conclut-il, « si on pense à faire une bonne mise au point, à ce qu'il y ait suffisamment de lumière, à peaufiner le cadre, est-ce qu'on pense autant à la manière dont le mode d'usage de cet outil peut être adapté au terrain ? » (p. 158).

Ces chercheurs comme d'autres vont ainsi poursuivre leur enquête à travers la discussion des photos ou des films avec les personnes concernées. « Le recours à l'observation conjointe ou partagée des images m'a permis d'incorporer, dans un premier temps, les suggestions des habitués sur des aspects négligés, cachés ou encore inconnus, ou bien de souligner ou d'estomper telle ou telle situation sociale [...] Cette démarche a fait émerger des faits non remarqués et a produit des effets inattendus » (Peixoto, 1995, p. 123).

3. Ce retour vers l'autre, ce dialogue ou plutôt ce commentaire croisé des images qui améliore aussi bien les connaissances sur la réalité que la manière de la présenter filmiquement (modification du montage par exemple), débouchent tout naturellement sur une prise de participation (comme on dit d'un achat d'actions du capital d'une entreprise) des ethnologisés[6]. En fait, cette

6. Toni de Bromhead pose clairement le problème : « [...] on peut dire que le texte écrit représente un double dialogue, entre l'auteur et le lecteur, l'auteur prenant la responsabilité de ce qui est écrit. Tandis que le film représente une relation triple, entre le cinéaste, les sujets filmés et le spectateur, le cinéaste étant le personnage le moins important. En apparence le cinéaste présente seulement une évidence que le public est tenu d'interpréter par lui-même ». Voir « Réalité, film et anthropologie », *Journal des anthropologues* (« Anthropologie visuelle »), printemps 1992, n°s 47-48, p. 150.

coopération peut devenir, par souci d'expérimentation ou de choix idéologique sur la production d'un cinéma « indigène », un cinéma qui exprimerait directement la culture de l'autre. Thierry Roche examinant le cinéma des Indiens des États-Unis en vient ainsi à se poser les questions fondamentales suivantes : « Sommes-nous pour autant en présence du/des regard(s) de l'autre ? Le simple fait qu'un aborigène ou un Navajo prenne une caméra, signifie-t-il nécessairement que les images produites soient le reflet de sa propre vision du monde ? En quoi les images qu'il produira seront obligatoirement différentes de celles qu'un Occidental pourrait réaliser ? » (1994, p. 97.)

L'anthropologie visuelle suscite un grand nombre de réflexions stimulantes (Colleyn, de Clippel, 1992 ; Piault, 1999) et il s'est agi ici d'évoquer ce qui peut être considéré comme une methodologie spécifique de l'observation, sans que nous insistions sur les potentialités de son usage à la fois autonome mais techniquement contraint. Enrichissement et élargissement de l'observation, de la notation, du rendu descriptif (dans son objectivité empirique), de l'analyse, l'anthropologie visuelle ne peut plus être considérée comme un simple adjuvant décoratif ou folklorique[7].

Jean-Pierre Olivier de Sardan, à la fois anthropologue et cinéaste, nous offre une morale de cette anthropologie visuelle en élaborant la notion de « pacte réaliste » dont le pacte ethnographique serait l'une des variantes : « Une attention particulière portée à la description des actions et interactions humaines, une attention particulière portée au sens que les personnages filmés accordent à leurs propres actions et interactions, constitueraient donc en dernière analyse cet index ethnographique qui transforme imperceptiblement le pacte réaliste en pacte ethnographique » (1994, p. 63).

4. OBSERVATION, DESCRIPTION, EXPLICATION : LA QUESTION DE L'EMPIRISME

Qu'observe l'ethnologue-observateur ? À vrai dire, l'idéologie, scientifique commune se répartit comme à l'habitude en deux perspectives soi-disant

7. L'anthropologie visuelle comprend évidemment la photographie. Voir sur ce point « Ethnographie et photographie » (sous la direction de E. Garrigues), *L'Ethnographie*, LXXXVII, I, 109, printemps 1991 ; E. Samain, « Bronislaw Malinowski et la photographie anthropologique », *L'Ethnographie*, XCI, 2, 118, 1995 et A. Piette (1992).

épistémologiques, axées l'une sur l'induction et l'autre sur la déduction, ou encore sur un empirisme spontané et sur un constructivisme à-prioriste. Notons que les formes les plus subtiles de l'actionnisme interactionniste ou de l'individualisme méthodologique rentrent dans cette dernière catégorie, alors que le culturalisme d'assignation et de stigmatisation relève très naturellement de la première. L'ethnologue de terrain ne peut échapper à ces préconstructions et à ces sentiments. Et l'observateur sait qu'il doit se frotter aux « faits » pour élaborer le point de vue propre aux groupes observés. Mais nous avons vu combien le mythe de l'informateur privilégié a pu conforter et faire prendre au pied de la lettre le sens commun indigène. L'observation des faits est soumise aux mêmes logiques sociales que la vie quotidienne observée.

La première démarche consiste à contextualiser l'ensemble de l'observation, à relativiser sa temporalité. Il ne faut pas que l'importance symbolique des événements ou interactions « observés » par la problématique de recherche, l'explicitation approfondie par les acteurs de leurs propres activités, la réussite technique de l'observation, de la prise de notes, la force de l'impression physique de la réalité sociale exacerbent outre mesure la véracité et « l'objectivité » des soi-disants faits. En d'autres termes, il ne faut pas que l'arbre des faits sélectionnés, « compris », cache la forêt (impénétrable) de l'environnement encore obscur ou embrumé.

La question de l'empirisme, au sens le plus philosophique du terme, est au cœur de la démarche de terrain. Jusqu'à présent, ce sont l'ethnologie et l'anthropologie qui semblent avoir monopolisé cette interrogation, en raison des définitions plus « constructivistes » ou « quantitatives » de la sociologie. Mais le retour en France de sociologies plus compréhensives d'une part, plus ou moins « ethnométhodologiques » ou pragmatiques d'autre part permet de généraliser cette interrogation. Les faits sociaux sont-ils construits ou produits, par les acteurs, par l'observateur avec les acteurs, ou sont-ils plus banalement des espèces de performances culturelles reproduisant l'infinité des variations de schèmes culturels (ou spirituels) préexistants ?

Ce principe élémentaire de l'attitude scientifique et critique interpelle donc l'évidence de la procédure dite d'observation, qui doit être plutôt considérée comme un processus complexe de plusieurs modes successifs mais articulés « d'observation ».

La reconstitution littéraire ou rhétorique des scènes signifiantes de l'observation n'apparaît plus comme le fruit d'une mauvaise foi ou d'une manipulation. Elle apparaît comme une synthèse réfléchie de plusieurs observations, d'entretiens variés ou de prises de vue spéciales. Cette reconstruction « réaliste »,« empiriste » de la réalité sociale mélange les perceptions et les informations de l'ethnologue et de « ses gens ». L'homogénéisation vraisemblable des données est donc un processus réflexif, récapitulatif et synthétique : sa qualité lui donne une force qui semble provenir de la qualité du coup d'œil ethnographique. Ce dernier existe certes mais on pourrait dire qu'il n'en est rien, que la réalité ethnologique relève plus du trompe-l'œil (rôle de la perspective, de l'éclairage, de l'angle du regard, du support et de son cadre) que du photojournalisme. On s'y croirait et pourtant l'image est comme un puzzle. La description décrit et explique en quelque sorte simultanément : elle est donc autre chose qu'un simple compte rendu factuel.

Prenons l'exemple des champs cultivés collectivement par les paysans de la confrérie mouride du Sénégal (Copans, 1988). L'observation a consisté à assister à plusieurs opérations du même type et à en comptabiliser les participants grâce à la passation d'un questionnaire. Cette démarche permettait d'identifier précisément les acteurs, ce qu'une simple observation n'aurait pas permis. Pourtant, c'est l'observation visuelle qui établit la nature de l'événement et sa forme : temps forts, temps morts, divisions informelles du travail, activités annexes — chants, distribution d'eau, visites de parents et d'amis, etc. —, manières de débuter et de terminer l'activité agricole du semis, du sarclage ou de la récolte. Le croisement des données contextuelles (superficies des parcelles, calendrier des opérations et de la météorologie), des données sociologiques (âge, sexe, origine villageoise, marabout d'affiliation, etc.) et du déroulement pratique des séances a permis de déplacer l'accent du registre de l'exploitation du travail (importance de la mobilisation de la force de travail) vers le registre religieux (styles de la mobilisation) : « Ces travaux sont à la limite une forme de cérémonie, de pèlerinage actif […] [le] surcroît d'autorité [des marabouts] s'exprime dans le chant du *taalibe* » (*ibid.*, p. 190). Ainsi les questionnaires, les entretiens, les photographies ne pouvaient suppléer à l'expérience même de la présence physique de l'ethnologue, à l'impression émotionnelle de ces sociabilités particulières où la vision et l'ouïe engagent la mémoire vers d'autres images, comparaisons et explications. Inversement, la seule observation ne semblait produire aucune connaissance décisive par elle-même sans l'aide de toute la panoplie classique de l'enquête en sciences sociales.

Cette récapitulation *a posteriori* ne dit pas grand-chose sur le déroulement tout à fait pratique de toutes ces opérations de recherche. Ce sont les journaux de terrain, «la page gauche du cahier de terrain[8]», les remarques incidentes des notes qui permettent de se faire une idée de tout cela. Cependant ces données sont rarement accessibles, leur qualité peut être variable et, par conséquent, le lecteur observateur doit faire confiance à l'ethnologue de terrain plus soucieux de restituer l'esprit et l'atmosphère de l'enquête que le chemin de croix peu glorieux qui la produit.

J'ai pris en considération jusqu'à présent l'observation concrète, directe ou indirecte. N'oublions pas enfin l'observation par procuration, celle des acteurs qu'on interroge, dont on transforme les paroles en autant d'observations de l'intérieur. La transmutation de l'énonciation en observation passe par la notion de performance, par la mise en scène de l'action, par le regard et les mots d'un acteur ou d'un témoin statutairement reconnu. L'ethnologue se met dans la peau de ses informateurs qui se mettent à leur tour dans la peau des acteurs (qui ils ont été, qui ils peuvent être, qui ils s'imaginent être). Avec l'expérience, l'informateur privilégié se met aussi à la place de l'ethnologue (sur le mode du «Vous auriez dû voir!», «Si vous aviez été avec moi!»). Reste à savoir si dans le texte ethnologique cette observation en abyme se trouve restituée à sa juste place de présentation culturelle en soi et de son rapport au monde social. Le moyen est devenu une fin. Les discours (ou plus prosaïquement les paroles des entretiens) constituent un site d'observation. Pour l'ethnologie postmoderne, l'affaire est d'ailleurs entendue: le discours «indigène» constitue le site d'observation par excellence.

Alors des mots pour quoi dire? Est-ce que le terrain, laboratoire mystique de l'anthropologie, est aussi une bibliothèque, une bibliothèque virtuelle où tout ce que va dire l'ethnologue est déjà consigné sous une forme ou une autre? Une bibliothèque où toute description en appelle une autre, des commentaires, des paraphrases, des traductions? Dès son départ vers son terrain, qu'il se situe sur son palier ou à 24 heures de vol, l'ethnologue sait qu'il doit écrire et son incapacité à écrire pendant et après l'enquête serait la preuve définitive d'une enquête ratée. Le texte reste encore la seule

8. Pour reprendre le titre de la thèse de Bernard Lacombe, université de Paris-I, 1997.

preuve de l'existence du terrain. C'est probablement ce que signifiait le chef nambikwara avec lequel a travaillé Claude Lévi-Strauss : « Seul, sans doute, il avait compris la fonction de l'écriture. Aussi m'a-t-il réclamé un bloc-notes et nous sommes pareillement équipés quand nous travaillons ensemble. Il ne me communique pas verbalement les informations que je lui demande, mais trace sur son papier des lignes sinueuses et me les présente, comme si je devais lire sa réponse. Lui-même est à moitié dupe de sa comédie ; chaque fois que sa main achève une ligne, il l'examine anxieusement, comme si la signification devait en jaillir, et la même désillusion se peint sur son visage. Mais il n'en convient pas ; et il est tacitement entendu, entre nous, que son grimoire possède un sens que je feins de déchiffrer ; le commentaire verbal suit presque immédiatement, et me dispense de réclamer les éclaircissements nécessaires » (1955, pp. 262-263).

7

L'ENQUÊTE DE TERRAIN ET SES TEXTES

1. TERRAIN ET ÉCRITURE OU ÉCRITURE ET TERRAIN ?

James Clifford commente trois photographies d'anthropologues célèbres sur le terrain pour nous faire comprendre le processus de description en ethnographie lors de la prises de notes. De fait, cette prise de notes participe d'une activité textuelle plurielle intense sur le terrain. Clifford distingue en effet l'inscription, la transcription et la description[1]. L'inscription est le moment où, interrompant l'entretien ou le discours, l'ethnologue écrit ce qu'on vient de dire. La transcription est plus souvent menée sous la dictée : l'informateur répond à une question, l'ethnologue collecte un texte indigène *in extenso*. Quant à la description « elle consiste à produire une représentation relativement cohérente de la réalité culturelle » (Clifford, 1990, p. 51). On se détourne provisoirement du dialogue et de l'observation pour écrire en profondeur (*Thick description*) comme le dit Cl. Geertz. L'écriture est active en cela qu'elle enregistre et construit à la fois, qu'elle n'est pas un simple réceptacle de la réalité. C'est pourquoi la distinction nécessaire des étapes d'une enquête relève plus d'une catégorisation épistémologique que de la reconnaissance d'opérations intellec-

1. Clifford élabore ces trois expressions à partir d'un commentaire de trois photographies reprises dans *Fieldnotes* où l'on voit : 1. l'ethnologue Joan Larcom regarder son carnet de notes au cours d'un entretien (on apercoit les informatrices et leurs enfants autour d'elle) à Malekula, aux îles Vanuatu ; 2. C.G. Seligman en 1898 assis à une table au milieu de ses informateurs ; l'un d'entre eux est assis et semble dicter quelque chose (Hula en Nouvelle-Guinée) ; 3. B. Malinowski assis sous sa grande tente à Omarakana (sur une des îles Trobriand) sous le regard de ses informateurs rassemblés à l'extérieur. Daniel Fabre classe les courants vivants de l'ethnologie en trois genres qui semblent reprendre ces distinctions de façon plus globale : une ethnographie de la performance, une ethnologie de l'énonciation et une ethnologie de l'interaction (1992, pp. 42-45).

tuelles absolument séparées. Il existe des textes ethnologiques où l'enquête – et donc la réalité tant pragmatique que sentimentale du terrain – est objectivement invisible et d'autres textes qui ne sont qu'une reprise corrigée de notes de terrain déjà «écrites». Ainsi, l'écriture traverse les opérations ethnographiques et ethnologiques du début à la fin, y compris avant le terrain (on apprend l'enquête dans des textes) et bien entendu après (les Trobriandais sont devenus les Argonautes mythiques de la tradition disciplinaire).

Depuis presque une vingtaine d'années, l'interrogation sur l'écriture (à tous les sens du terme) de l'ethnologie donne le ton aux réflexions soi-disant méthodologiques ou programmatiques: le terrain ne serait qu'un texte, le texte *est* le terrain. Il faut pourtant se méfier de ces métaphores faciles et bien paresseuses qui ne sont le plus souvent qu'une extrapolation de lectures philosophiques ou littéraires, appliquées à des textes scientifiques[2]. Autrement dit, les contextes concrets de l'écriture du terrain doivent être rappelés à tout instant, mais la mégalomanie du père fondateur est-elle pardonnable[3] ?

2. UN INVENTAIRE DES TEXTES ETHNOLOGIQUES

La variété des types de textes ou de documents écrits, réécrits, manipulés par l'ethnologue est considérable. Certes chaque chercheur met au point sa petite «cuisine» textuelle personnelle. Cette «cuisine» relève même avant toute chose de la papeterie ou de la bureautique: qualité du papier, taille des feuilles, des cartes, des fiches, des intercalaires, des carnets, des cahiers, des classeurs, des fichiers, couleur des papiers et des signets, et aujourd'hui toute la riche panoplie des fichiers et dossiers informatiques. Le texte du terrain est une affaire de crayon de papier qui s'use, d'encre qui gèle, de machine à écrire sans ruban encreur de rechange, de magnétophone ou dictaphone aux piles usagées et aux K7 remplies, de machine à traitement de texte dont les batteries ne tiennent pas le coup. Le classement des documents, des notes, des

2. L'un des inspirateurs de cette lecture est J. Derrida. Sur l'écriture ethnologique on lira J.-M. Adam *et al.* (1990), le numéro 97-98 de *Études rurales* (1985), ainsi que R. Darnell sur le postmodernisme (1995).

3. Malinowski écrit ceci dans son journal du 1er décembre 1917: «Le sentiment que cela m'appartient; c'est à moi qu'il est donné de les décrire; à moi de les créer» (1985, p. 148).

textes renvoie aux fichiers, aux listings, aux chemises cartonnées, aux boîtes de rangement, aux cantines pour mettre tout cela à l'abri. Bref, la matérialité physique, pondérale mais aussi fragile des écrits, envahit la vie quotidienne de l'ethnologue : la disparition par le feu, le vol peuvent annuler des années de travail mais, comme nous l'avons vu, la mémoire peut parfois sauver le terrain. La question de l'archivage, de la duplication et plus généralement de l'accès public à des documents d'origine non seulement personnelle mais véritablement privée s'impose avec le temps comme une interrogation quasi métaphysique : l'ethnologue est le maître de son terrain mais, sans succédané écrit, cette performance reste sans portée et sans postérité.

L'image de l'ethnologue et de son carnet de notes, de sa machine à écrire ou de son ordinateur[4] frappe l'imagination, mais la collecte, le classement, la comparaison des « textes », l'érudition bibliographique (voir les comptes rendus de Marcel Mauss) élargissent la catégorisation un peu sommaire de l'ethnologue comme transcripteur ou scribe de la culture. De nombreuses démarches fastidieuses (la mise au propre des notes), érudites (collationner les déclarations des informateurs, vérifier le sens et la traduction des termes vernaculaires, rassembler le maximum d'informations sur une population en relisant une documentation des plus dispersées et disparates) s'intercalent entre le vécu et le concept. L'assimilation synthétique ou schématique de tous ces « textes » rend parfois difficile leur identification et, comme il n'y a pas de norme ou de règle, la discrimination des ressemblances ou différences entre les textes définitifs publiés par les ethnologues ne renvoie pas *a priori* à des procédures typées, spécifiques, d'écriture à moins que l'ethnologue n'en explicite précisément les formes. L'aspect privé voire secret des archives écrites des ethnologues accroît le flou qui entoure l'ensemble des procédures d'écriture de l'ethnologue.

Faut-il classer ces dernières selon les moments de l'enquête (avant, pendant et après le terrain), selon leurs formes (style télégraphique, notes rédigées, commentaires empirico-bibliographiques[5]) ? Faut-il les classer selon le type d'information (« texte » oral, entretien, questionnaire, observation

4. La couverture de *Fieldnotes* reproduit une photographie de M. Mead et G. Bateson en 1938, en Nouvelle-Guinée, dans leur « bureau » en train de dactylographier chacun leurs notes sur leur machine à écrire, face à face !

5. Une observation directe peut faire penser à telle ou telle référence ethnologique et l'ethnologue note ce rapprochement ou cette intuition immédiatement sur son carnet.

directe) ou selon l'objet ou le thème (vie familiale, échange non-marchand, adhésion religieuse) ? N'est-il pas préférable, plus ordinairement, de les ordonner chronologiquement puisque la qualité de l'information, quels que soient son origine ou son médium, est supposée dépendre notablement des contextes de la pratique ethnologique elle-même.

3. Manuels, journaux, lettres, mémoires

Les textes préparatoires à une enquête sont de plusieurs sortes. Il y a ceux qui disent comment la mener ou qui éclairent la réflexion attachée aux diverses étapes. Les manuels et guides qui résultent évidemment d'enquêtes préalables peuvent se lire alors aux second et troisième degrés : ils évoquent l'esprit d'une époque ou encore les préférences de l'ethnologue. Ainsi *Notes and Queries...*, le *Manuel d'ethnographie* ou le *Guide d'enquête* supposent-ils une image textuelle spécifique. Il existe également des textes programmatiques ou problématiques qui extrapolent une expérience vers un terrain futur et qui expliquent comment penser l'enquête, suggèrent les informations à recueillir et par voie de conséquence le texte à rédiger. Ainsi, le caractère formalisé et construit de l'anthropologie économique marxiste française des années soixante-soixante-dix a donné lieu à l'écriture de prolégomènes pseudo-méthodologiques, soit au premier degré (voir par exemple Cl. Meillassoux, 1977) soit le plus souvent au second degré[6]. Cette théorisation désignait les objets à construire mais le plus souvent elle a été lue comme un guide empirique des objets à repérér. Cette théorisation produite après une première expérience de terrain ne devrait pas être confondue avec celle qui était d'origine uniquement documentaire et préalable à toute enquête comme chez M. Godelier (1966).

---

6. Ainsi *Anthropologie économique des Gouro de Côte-d'Ivoire* (Mouton, 1964), de Claude Meillassoux, puis la lecture althussérienne qu'en donne Emmanuel Terray, dans « Le matérialisme historique devant les sociétés segmentaires et lignagères » (in *Le Marxisme devant les sociétés primitives* – deux études, F. Maspero, 1969, pp. 93-173) ont pu être compris comme un mode « révolutionnaire » d'organisation des rubriques monographiques. Voir notre étude sur l'ensemble de ce problème dans « Les modèles marxistes dans l'anthropologie économique française : prêt-à-porter ou haute couture ? », *Cahiers internationaux de sociologie*, vol. XXXIV, janv.-juin 1988, pp. 161-177.

Le succès de Claude Lévi-Strauss a conduit de nombreux anthropologues à vouloir suivre ses conseils. Ceux-ci ont toujours été très succincts et ne seront explicités qu'à la fin du dernier volume des *Mythologiques,* dans le finale de *L'Homme nu* (1971, pp. 559-621), qui reste une enquête textuelle à tous les sens du terme. Du temps du terrain rapporté dans *Tristes Tropiques,* Lévi-Strauss ne se posait pas encore les questions qui organiseront l'essentiel de son œuvre et il est donc impossible de trouver dans ce dernier ouvrage des traces concrètes de la méthode d'enquête suivie.

Le journal intime n'est peut-être pas un texte ethnologique mais il existe: le *Journal d'ethnographe* de B. Malinowski en est probablement le plus bel exemple (1985). *Un journal au sens strict du terme* parle du terrain dans « les yeux, les songes et les fantasmes de l'ethnologue[7] ». Claude Geertz, tout en notant le caractère « ringard » des pensées pseudo-profondes de ce journal, explicite l'évolution contemporaine de l'ethnologie : « Placer l'impact de la sensibilité – de préférence à celle de l'esprit d'analyse ou du code social – au centre de l'ethnographie revient à se poser un problème de construction textuelle spécifique : rendre le récit crédible à travers la crédibilité de la personne. L'ethnographie prend, obliquement dans les années vingt et trente, de plus en plus ouvertement aujourd'hui, une tournure introspective. Pour devenir un "je témoin" convaincant, il faut d'abord, semble-t-il, devenir un "je" convaincant » (1996, p. 82).

Citons le journal réécrit de Sophie Caratini vingt ans après le terrain et dix ans après sa thèse (1993). Le terrain devient prétexte à une anthropologie réflexive *a posteriori*, ce qui se justifie ; pourtant un collègue y voit comme une trahison narcissique sans intérêt scientifique alors qu'un lecteur ordinaire, lui, n'y verra qu'une aventure. Le rapport personnel au terrain peut ainsi donner l'impression de prendre le dessus sur les résultats ethnologiques mais S. Caratini nous invite à lire les deux textes ensemble simultanément (1997).

---

7. C'est le titre de la seconde partie qui couvre la période 1917-1918. L'ethnologue précise ensuite : « Chaque jour le compte rendu de la veille : un miroir des événements, un examen de conscience, la détermination des principes premiers de mon existence, un projet pour le lendemain » (1985, p. 113).

Il y a ensuite le journal d'enquête comme celui que publient Jeanne Favret-Saada[8] ou Jean-Marie Gibbal. Ce dernier décrit les activités de l'enquête mais il les reprend parfois également dans le corps de la monographie elle-même. Ainsi il « témoigne » deux fois : sur le terrain en direct et dans le texte au cours de la restitution du terrain et de ses analyses.

Ces journaux doivent être évidemment complétés par toutes les correspondances possibles que l'ethnologue ou ses destinatires ont pu conserver. Ces lettres peuvent être utilisées *a posteriori,* comme indice supplémentaire de son état d'esprit et même de ses observations de terrain. Signalons la publication des correspondances de F. Boas, M. Mead ou encore B. Malinowski. Apparemment, les ethnologues français préfèrent rédiger des mémoires « contrôlés » et ne pas divulger leurs sentiments premiers et spontanés.

Viennent ensuite les fameuses « notes » aux modalités de construction si diverses et si personnalisées. Il est entendu que les notes de terrain ressortissent à tous les genres, subjectif, objectif, descriptif, abstrait, théorique, muséographique, et que leur distinction ou chevauchement (l'indexation des informations en thèmes « ethnologiques » avant toute analyse plus approfondie et postérieure) révèle déjà un choix d'écriture de l'enquête au cours du déroulement même de celle-ci. Non que le résultat des notes préexiste à leur production mais l'imprégnation des faits observés et entendus est telle que l'écriture du terrain est déjà un second degré d'écriture avant la lettre et non pas une reproduction brute de la « réalité ».

4. Les notes de terrain

La lecture de *Fieldnotes* nous plonge dans les « modes de fabrication de l'anthropologie » (*The Makings of Anthropology*), comme le précise le sous-titre (Sanjek, 1990). Cette espèce de sociologie ou d'anthropologie histo-

8. Après avoir publié les résultats de son enquête en 1977, *Les Mots, la Mort, les Sorts*, (Paris, Gallimard), celle-ci publie (en collaboration avec Josée Contreras) une réécriture de son journal de terrain, *Corps pour corps – Enquête sur la sorcellerie dans le bocage*, (Paris, Gallimard, 1981) : « Nous avons entrepris de réécrire ensemble ce texte – qui à l'origine n'était qu'un outil de travail – pour dégager le mouvement de la recherche, avec ses tâtonnements, ses hasards, ses impasses, ses avancées » (p. 10). Ce texte couvre un an et demi, de juillet 1969 à décembre 1970.

rique de la production des connaissances anthropologiques replace les interrogations postmodernes au cœur des pratiques effectives conduites sur le terrain, tant au niveau historique et politique qu'au niveau de l'analyse des usages concrets et pratiques, depuis la non-prise de notes jusqu'à l'écriture de l'ethnographie. Le chapitre sur l'histoire secrète des notes de terrain réussit à évoquer comme les coulisses des stratégies d'enquête (le rôle des informateurs et des assistants par exemple) et de la réflexion ethnologique grâce à une relecture méticuleuse de plus de trois cents titres cités en référence.

Jean J. Jackson, de son côté, utilise les résultats d'une enquête sommaire par entretiens, menée auprès d'une soixantaine d'anthropologues de la côte est des États-Unis pour décrire les usages et sentiments actuels à l'égard de ces notes et de leur rapport à l'identité professionnelle. Les définitions spontanées sont loin d'être identiques. Selon certains, les entretiens ou textes enregistrés (les traditions orales) ne sont pas des notes de même que les différents types de journaux d'enquête. Pour d'autres, les notes constituent les données, alors que d'autres encore pensent que ce sont les opinions et les réactions de l'ethnologue qui constituent les notes. Les anthropologues signalent avec regret qu'ils ont été très rarement formés à la prise de notes. Ils considèrent ces dernières comme plutôt de nature confidentielle car elles ne s'échangent pas et on ne peut rien tirer de celles d'un collègue décédé. Pourtant ce dernier point de vue n'est pas évident si l'on en croit Nancy Lutkehaus qui a pu faire usage, en 1978, des notes de Camille Wedgewood (concernant l'île de Manam au large de la côte nord-est de la Nouvelle-Guinée), presque cinquante ans après le passage de cette dernière en 1932 (ajoutons que celle-ci avait eu accès aux notes de B. Deacon décédé en 1927 et des conseils de Malinowski lui-même[9]).

Les notes de terrain sont le lieu de l'expression des sentiments à l'égard des informateurs. Elles constituent aussi bien un aide-mémoire pour des commentaires non rédigés que des documents traités à leur tour comme des preuves archivistiques. Les prises de notes peuvent peut-être se ressembler mais leur perception et même leur usage sont loin d'être uniformes. Certains anthropologues pensent que la prise de notes ralentit l'enquête pendant les phases d'observation ou même ensuite, car elles mobilisent une

9. Lire «"I am a fieldnote": fieldnotes as a symbol of professional identity» (pp. 3-33) et «Refractions of reality: on the use of other ethnographers "*fieldnotes*"» (pp. 303-323).

attention considérable. Si les notes sont une mémoire, alors l'anthropologue est lui-même une note de terrain, comme le dit si joliment l'un d'entre eux (voir le titre de l'article de J. Jackson cité à la note 9, p. 97).

Il convient en effet de passer en revue les différents types de notes. R. Sanjek nous propose une typologie bien utile. Reprenant l'expression de Simon Ottenberg dans ce même recueil, il distingue les notes de terrain des notes de tête ou notes en mémoire (*headnotes*). Les notes écrites sont réactivées ou remplacées par ces fameuses notes de mémoire.

La première forme d'écriture provient des notes griffonnées ou gribouillées en un codage ou une graphie personnelle dans des situations où il est difficile ou interdit de prendre des notes. On s'excuse pour faire ses besoins ou fumer une cigarette et on « signale » en quelque sorte la discussion ou l'entretien en cours. W. Sturtevant réussit à prendre des notes pendant des cérémonies avec un bout de crayon de 3 cm sur des fiches de 3 × 5 cm ! Ces gribouillis sont souvent remis en ordre le soir après l'enquête et donnent lieu à des quasi-notes de terrain[10]. Les notes de terrain, elles, sont rédigées. Elles envahissent le chercheur mais leur qualité fait qu'elles sont parfois publiées partiellement, qu'elles reproduisent des textes oraux (entretiens, récits) ou des descriptions et des observations précises. Les notes s'intègrent ensuite dans ce qu'on pourrait appeler des dossiers de terrain (*fieldnotes records*) qui comprennent aussi des généalogies, des listes de noms, de mots, des questionnaires, des cartes, etc. Enfin, il y a les « traditions orales » qui se trouvent enregistrées ou transcrites et qui deviennent alors des textes avec toutes les ambiguïtés liées à ce double statut.

En tout cas, les notes comme mémorisation ou enregistrement deviennent documents, deviennent en quelque sorte des archives et pourtant, selon G. Bond, elles ne sont ni discours ni texte. S'inspirant de Paul Ricœur, il nous explique que le seul dialogue possible avec les notes est celui d'un lecteur qui serait également auteur. Comme textes elles sont immuables, comme discours elles ont besoin d'une contextualisation (1990). R. Sanjek rappelle que les notes sont produites ou utilisées dans un contexte également collectif et les

10. Une ethnologue indienne, Aneeta Minocha, explique : « Il me fallait habituellement 3 à 4 heures pour mettre sur le papier 5 à 6 heures de travail de terrain. C'est à cause d'un enregistrement si rapide de mon expérience de terrain que j'étais capable de recréer l'atmosphère de chaque conversation ou événement » (citée par R. Sanjek, 1990, p. 97).

informateurs ont souvent une opinion très négative à leur sujet. Enfin, les étudiants et les collègues peuvent devenir des lecteurs et utilisateurs éventuels. Aujourd'hui, de nombreuses enquêtes anthropologiques sont collectives (à la suite d'appels d'offres, de grands programmes de recherche, etc.) et, dans un tel contexte, les notes font l'objet de plusieurs lectures « participantes ». J'ai moi-même partagé une expérience de ce genre et la « déprivatisation » des notes peut conduire à améliorer la qualité de la prise de notes (quelqu'un d'autre va lire et utiliser, voire discuter vos notes) et de leur mise en forme (puisque leur diffusion en un sens public est possible sinon obligatoire).

5. Le terrain dans le texte

C'est pourquoi l'examen de la place du terrain dans le texte scientifique mérite une attention particulière, dans la mesure où cette référence peut servir de test méthodologique à l'objectivation des démonstrations anthropologiques : non seulement il faut transformer les notes en informations, en analyses, en hypothèses et en preuves, mais il faut transformer l'ensemble de ce processus en une explication et en une analyse conceptuelle. Si le terrain est un montage de textes, il n'y a pas de doute que le texte doit être un démontage (une déconstruction-reconstruction) des terrains.

Bien entendu, les méthodes de l'ethnologie ont évolué sur un siècle et les processus d'objectivation de la réalité sociale et culturelle ont pu varier depuis l'époque où l'objectivation des faits semblait fondée sur leurs caractéristiques propres (primitivité, différence) jusqu'à celle où l'objectivation semble plutôt le fruit d'une construction intellectuelle tant méthodique que conceptuelle. Ces mutations, symbolisées par la fameuse « révolution malinowskienne » du séjour de longue durée sur place de l'anthropologue, se sont manifestées dans la forme des textes et dans la structure de leur écriture. Si Paul Radin soulignait en 1933, dans *La Méthode et la Théorie de l'ethnologie,* que « la plupart des bons enquêteurs sont à peine conscients de la manière exacte dont ils récoltent leurs informations », l'on pouvait encore lire presque un demi siècle plus tard, en 1967, sous la plume de D. G. Jongmans et P. C. W. Gutkind, que seuls 20 % des auteurs de monographies ethnologiques « nous donnent une idée claire de la manière dont ils ont conduit leurs recherches » et que « la qualité du travail s'améliorera si le chercheur apprend à se considérer lui-même, de même que son travail, comme un problème[11] ». Pourtant l'ancienneté et la richesse des relations entre enquête de terrain et écriture sont manifestes, si l'on en croit la démonstration bien documentée de R. Sanjek.

Bref les notes de terrain au sens large semblent trop parcellaires, trop empiriques et personnelles pour prétendre à une publication. Inversement, les ouvrages et les articles, produits finis de la réflexion après le terrain, se contentent de reproduire une objectivité positiviste et non une véritable élaboration empirico-théorique. Quant aux mémoires de terrain dont l'aspect littéraire ne doit pas cacher la fonction de neutralisation du travail de construction anthropologique ou sociologique, ils disent le terrain mais sans enquête ou, s'ils évoquent cette dernière, c'est comme artifice exotique, comme moment de vérité, comme interaction culturelle plus que scientifique.

6. Lectures et critiques postmodernes : l'autorité textuelle

La critique postmoderne a voulu déconstruire le texte ethnologique pour dénoncer l'illusion positiviste des sciences sociales (occidentales et coloniales), ce qui est une bonne chose mais, tout en notant les malheurs de l'autorité ethnographique, elle a considéré que l'oubli autocritique de l'explicitation méthodologique était intrinsèque à l'anthropologie. Celle-ci pourrait surmonter une telle situation en expérimentant différentes rhétoriques d'écriture. Or, l'explicitation méthodologique du terrain dans le texte publié n'est pas un problème littéraire ni une manifestation d'autorité plus scientifique. Elle engage l'ensemble de la démarche, depuis l'apprentissage et la formation de l'ethnologue jusqu'à la restitution des analyses aux interlocuteurs. Examinons néanmoins les orientations de la position postmoderne dans la mesure où elle est susceptible de recevoir également les critiques d'une sociologie pratique de la connaissance.

Dans son article sur l'autorité ethnographique, J. Clifford rappelle que le genre ethnographique, « description culturelle synthétique fondée sur

11. Voir mon commentaire sur cet ouvrage et d'autres du même genre dans « Le métier d'anthropologue » (1967 et 1969, repris *in* Copans, 1974, pp. 46-73).

l'observation participante», qui va dominer la période 1920-1950, est fondé sur six innovations:
– la validation, publique et professionnelle, de la personne du chercheur de terrain;
– l'usage des langues indigènes (même si leur maîtrise n'est pas parfaite);
– l'accent plus porté sur l'observation que sur les interprétations intéressées des autorités indigènes;
– une puissante abstraction théorique qui permet d'atteindre le noyau d'une culture;
– l'ensemble est appréhendé grâce à l'une de ses parties parce qu'une culture est trop vaste;
– les objets de l'ethnologie relèvent de la synchronie (le fameux «présent ethnographique») [1996, pp. 36-38].

Cette tendance conduit à textualiser tout ce qui s'est passé sur le terrain: «Les données ainsi reformulées n'ont plus à être comprises comme communication entre certaines personnes» (*ibid.*, p. 46). Même si les informateurs sont des intermédiaires décisifs, «[ils] ont un rôle crucial que, typiquement, les ethnographies autorisées évacuent» (*ibid.*, p. 46).

Ce modèle se voit critiqué au tournant des années cinquante-soixante à cause de l'absence de réciprocité entre l'émetteur et le récepteur de l'information. «Il devient nécessaire de concevoir l'ethnographie non comme l'expérience et l'interprétation d'une "autre" réalité circonscrite, mais plutôt comme une négociation constructive impliquant au minimum deux sujets conscients politiquement significatifs» (*ibid.*, p. 48). Clifford énumère ensuite les différents modes discursifs «[qui] ont tendance à s'intéresser à la représentation des contextes de recherche et aux situations d'interlocution» (*ibid.*, p. 48). L'anthropologue signale tout d'abord les anthropologues qui racontent l'expérience discursive de leur terrain. Les ouvrages de Jeanne Favret-Saada ou de Paul Rabinow (1988) sont des classiques de cette nouvelle représentation du *je* ethnologique. Ensuite, il évoque l'ethnographie dialogique, fruit d'une collaboration entre l'anthropologue et ses informateurs (Camille Lacoste-Dujardin, 1977). Ces dialogues peuvent être éventuellement reconstruits de manière condensée et sont donc, en un sens, fictionnels. Le dialogue cède la place à une polyphonie lorsque plusieurs interlocuteurs sont présents de manière implicite ou explicite. La mise en scène du discours indigène grâce à un montage de citations rentre dans ce cadre, comme le prouvent les travaux de V. W. Turner (1967, 1972, 1990). Les informateurs peuvent même prendre le dessus et proposer leur interprétation « traditionnelle » personnelle. C'est ce que certains pensent des discours d'Ogotemmêli dans *Dieu d'eau*. C'est ce que rapporte Raymond Firth à propos d'un commentaire de son informateur Pa Fenuatara de l'île de Tikopia : « Je lui demandai si la responsabilité des esprits dans la détérioration des filets faisait partie du savoir traditionnel. Il me répondit : "Non, c'est une pensée à moi." Puis il ajoute en riant : "C'est mon savoir traditionnel à moi[12]". »

L'accroissement de la voix des informateurs laisse entière la question de l'autorité, que ce soit celle de l'anthropologue qui choisit les interlocuteurs et leurs citations, ou celle de ces derniers derrière lesquels pourrait se réfugier l'ethnologue. Mais, pour J. Clifford, « les informateurs sont des individus réels qui ont des vrais noms propres – des noms qui, par discrétion, doivent être cités sous une forme modifiée. Les intentions des informateurs sont surdéterminées, leurs mots sont complexes, au sens politique et au sens figuré. L'ethnographie est envahie par l'hétéroglossie » (*ibid.*, p. 115). L'œuvre la plus significative selon Clifford, est un ouvrage sur le chamanisme, où les auteurs déclarés sur la couverture sont au nombre de quatre : l'anthropologue, le chaman, l'interprète et le directeur de la collection, ces trois derniers étant des Indiens Papago.

Le réalisme de l'ouverture des *Argonautes du Pacifique occidental* renvoie à un seul point de vue où l'auteur et le lecteur (un autre anthropologue ou un lecteur cultivé de l'Occident) se retrouvent. Mais aujourd'hui cette autorité rhétorique et politique est obsolète. On peut toutefois s'interroger sur la perspective finale de Clifford qui suggère des choix entre plusieurs nouveaux styles (expérientiel, interprétatif, dialogique, polyphonique), sans en critiquer les contextualisations comme cela est fait à l'encontre du modèle classique. L'histoire politique du terrain, de la fonction anthropologique donne de plus en plus la voix aux acteurs indi-

12. Dans sa contribution à l'ouvrage collectif édité par Joseph Casagrande, *In the Company of Man : Twenty Portraits of Anthropological Informants* (New York, Harper, 1960). Clifford note que ces ethnographes indigènes, ces informateurs dits privilégiés « comprenaient, souvent avec finesse et subtilité, ce qu'impliquait une attitude ethnographique envers la culture » (*ibid.*, p 114).

gènes. Faut-il pour cela leur céder entièrement la parole et penser qu'ils ont une revanche à prendre ? Les remarques de Bernard Moizo et Bruce Albert à propos du terrain aborigène post-malinowskien rappellent que les stratégies rhétoriques actuelles sont tout autant politiques et que l'indigène anthropologue peut défendre un point de vue partisan, rédiger un texte des plus discutables car renvoyant à des intérêts sociaux particuliers, connotés idéologiquement et qui ne représentent pas de manière « démocratique » l'ensemble culturel.

Les critiques du postmodernisme peuvent évoquer la place des émotions, de la subjectivité (qui n'a rien à voir avec la contextualisation dialogique avec l'informateur), ou encore le rôle de l'institution académique, et noter que tous ces débats ne sortent pas du milieu professionnel[13]. Il faudrait toutefois revenir sur cette notion de l'anthropologue comme auteur (Geertz, 1996) car la production textuelle de l'ethnologie de terrain pose, à notre avis, d'autres questions plus fondamentales.

7. Une relecture incomplète : L'oubli de *la pratique* du terrain

Toutes ces nouvelles formes d'écriture, et toutes ces interrogations au second degré sur le rapport aux interlocuteurs-auteurs du terrain d'une part et aux lecteurs pluriels de l'autre, sont un reflet très maladroit sinon inexact des nouveaux terrains de l'anthropologie mondiale. Non seulement parce qu'elles manifesteraient un ethnocentrisme corporatiste puissant, presque un ethnonationalisme de fait (américain de surcroît !), mais aussi parce qu'elles ne disent rien des objets inédits de la discipline. Les distinctions encore pleines de préjugés entre terrain exotique et terrain « domestique » ne s'y répercutent pas tout, comme les questions du genre, les questions « sociales » (les SDF, les nouvelles sectes, les immigrants, les chômeurs, etc.) ou celles de la mondialisation (la culture électronique, les managers de la libéralisation ou les pop stars). Bref, à mettre l'anthropologue au cœur de

13. C. Ghassarian soulève cette question fondamentale dans son commentaire « Les désarrois de l'ethnographe », *L'Homme*, n° 143, juil.-déc. 1997, pp. 189-198.

l'écriture même dans ses liens complexes avec les « autres », on oublie la question de l'inscription, de la transcription et de la description de la pratique sociale de l'anthropologue comme pratique professionnelle (certes dite scientifique) d'un milieu spécifique, qui englobe l'université, les laboratoires de recherche, les salles de séminaire, les maisons d'édition, les commanditaires et bailleurs de fond, les étudiants, les conjoints, les parents et les enfants, en fait toute une culture et un *autre* terrain qui sont le côté pile de la face bien trop connue de la discipline du terrain des Autres (M. Kilani, 1990, p. 106).

L'insistance sur l'écriture ne semble rien dire de la réforme de la pratique de terrain : elle veut démontrer que tout pourrait s'arranger avant ou après le terrain dans le seul registre de l'écriture. Bien entendu le choix préalable d'une « écriture » devient le choix d'un certain type d'enquête, d'une manière bien particulière de faire du terrain, et c'est en cela qu'on peut se laisser aller à dire que le texte, c'est le terrain. Mais c'est une métaphore plus qu'une méthodologie. C'est également donner l'impression que l'ethnologie serait d'une certaine façon, comme la médecine, un art, plus une affaire d'interlocutions croisées que de pratiques techniques précises (comment enregistrer, observer, décrire quelque chose) et sociales originales (avec qui et comment « produire » de l'information qui ne soit pas que les lieux communs du « café du Commerce » local). Le processus de production des connaissances ethnologiques est un phénomène multidimensionnel et seul un retour au terrain concret peut conforter le bien-fondé de critiques par trop littéraires, qui oublient la nécessité d'une évaluation scientifique – tant empirique que théorique – de l'adéquation du texte au terrain *indépendamment* de l'auteur.

8. Les documents écrits (ou non) du terrain

Il serait toutefois illusoire de croire que l'ethnologue ne consomme que ses propres productions textuelles. Le texte ethnologique est rempli d'autres sources écrites. Il y a évidemment toute la tradition ethnologique et anthropologique qui peut être convoquée tant pour les références théoriques que pour les sources comparatistes ou même ethnographiques (si le terrain ou un terrain proche a déjà été étudié). Cette tradition peut d'ailleurs être élargie à l'ensemble des sciences sociales, dans la mesure où la rareté des sources ethnographiques oblige souvent l'ethnologue de terrain à s'informer dans des ouvrages relevant de la sociologie, de la géographie, de la science politique ou de l'histoire. Les études africaines sont ainsi presque pluridisciplinaires par nature car l'anthropologie aujourd'hui y est encore insuffisamment développée. L'ethnologue doit lire et comprendre les textes des non-ethnologues, et ne pas craindre d'utiliser leurs données ou leurs conclusions de manière critique.

Au-delà des textes d'origine scientifique, il y a tous les documents possibles dont l'utilisation est relative à la nature de l'objet et à la démarche de l'enquête. Les documents administratifs, les archives officielles, locales ou privées, la presse écrite, les médias audiovisuels constituent des ressources écrites ou éventuellement visuelles bien connues ; plus largement, la littérature romanesque, de voyage et tout témoignage écrit (des copies d'élèves par exemple) peuvent se trouver consultés et utilisés.

La production écrite la plus symbolique reste cependant celle provenant de l'informateur lui-même qui devient en quelque sorte un ethnologue amateur. L'informateur privilégié devient progressivement un collaborateur à qui sont déléguées certaines opérations de l'enquête, y compris des inscriptions, des transcriptions et même des descriptions, que ce soit pendant l'enquête ou après coup grâce à un courrier régulier avec son employeur-ami-ethnologue. Ces informateurs ethnologues peuvent ainsi se transformer en auteurs d'une œuvre personnelle, le plus souvent en tant que témoins d'une culture ou d'un genre de vie en voie de disparition.

L'étude que consacre D. Brumble aux *Autobiographies d'Indiens d'Amérique* est passionnante de ce point de vue. Professeur de littérature, l'auteur remonte aux récits recueillis avant que les Indiens ne connaissent et ne pratiquent l'écriture, au début du XIXe siècle. La distinction stricte entre biographie et autobiographie ne s'avère pas très pertinente d'autant que ces genres sont totalement étrangers aux conventions culturelles des populations indiennes. L'examen de ces biographies conduit Brumble à repérer le rôle des « rédacteurs absents » (ethnologues ou autres) qui interviennent dans le cours du récit biographique, ajoutent d'autres informations et transforment une vie en un modèle culturel.

La fameuse autobiographie de Don Talayesva, *Soleil hopi*, permet de mettre en lumière le rôle crucial mais critiquable de Léo Simmons, sociologue de l'université de Yale, qui a transformé 350 heures d'entretiens et 8 000 pages de transcriptions en un ouvrage de 460 pages[14]. Nous disposons par ailleurs d'autobiographies qui adaptent la tradition orale, d'autres qui touchent au romanesque, d'autres enfin qui prennent la forme même d'une tradition orale. Dans *Le Chemin de la montagne de pluie* (1998), N. Scott Momaday, Indien Kiowa (sud de l'Oklahoma), nous offre un texte composé de 24 sections dont chacune comporte trois parties : la mythologie kiowa, les annales historiques de cette population et finalement l'histoire familiale et personnelle de l'auteur. Cette œuvre contemporaine prouve qu'il est possible de combiner traditions orales et « traditions » écrites. C'est peut-être une œuvre ethnologique mais elle n'est pas écrite par un ethnologue (l'auteur est docteur en littérature et enseigne dans une université) ; elle ouvre la voie à une revitalisation écrite de la tradition, ce qui constitue après tout l'un des objectifs possibles de l'écriture postmoderne. Certains récits de la collection « Terre humaine » renvoient à cette réinvention, comme l'ouvrage d'Adélaïde Blasquez, *Gaston Lucas, serrurier* (1977), que Philippe Lejeune, spécialiste du journal intime et de l'autobiographie, considère comme un chef-d'œuvre. Et pourtant, que de réécritures pour aboutir à cette vérité-là[15] ! Mais ce genre n'a rien à voir avec l'ethnologie, contrairement aux jugements spontanés de nombreux lecteurs : le terrain en est absent même si l'informateur et l'auteur se fréquentent depuis longtemps et habitent le même immeuble. Il n'y a pas d'ethnologie sans terrain, même si certains textes semblent affirmer le contraire. Il ne faut jamais croire le texte ethnologique sur parole et, pour ce faire, le mieux est que l'ethnologue reste un ethnologue et ne cherche pas à devenir un auteur, voire un écrivain, et encore moins un informateur (comme Carlos Castañeda par exemple[16]) !

---

14. *Soleil hopi – L'autobiographie d'un Indien Hopi* a été publié en 1959 dans la collection « Terre humaine » avec une préface de Claude Lévi-Strauss. D. Brumble dit de L. Simmons qu'il a eu la main lourde en tant que rédacteur (p. 127). Tout le chapitre 4 est consacré à cet ouvrage (ainsi qu'au récit d'un chamane, Gregorio) sous le titre « Deux autobiographes indiens et leurs chercheurs en sciences sociales ». Brumble a publié en 1981 une bibliographie annotée de 600 biographies indiennes et esquimaudes.

15. Voir « Ethnologie et littérature – *Gaston Lucas, serrurier* », *Études rurales*, n°s 97-98, janv.-juin 1985, pp. 69-83, et de façon générale *Je est un autre – L'autobiographie, de la littérature aux médias*, Paris, Seuil, 1980 (notamment les chapitres intitulés « Le document vécu » et « L'autobiographie de ceux qui n'écrivent pas »).

16. Ce dernier est-il un anthropologue, un romancier ou finalement un sorcier yaqui ? L'ombre d'une mystification va perdurer après son décès mystérieux en 1998.

CONCLUSION : NOUVEAUX TERRAINS, NOUVEAUX MODES D'ENQUÊTE ?

L'enquête ethnologique dite de terrain est complexe. Les terrains ne seraient plus ce qu'ils étaient mais, s'ils ne sont pas ce qu'ils devraient être, comment faire de l'observation participante avec des groupes ou des populations que rien ne prédispose *a priori* à être l'objet d'un regard ethnologique ? Si le mythe malinowskien a fait vivre l'ethnologie, deux situations sournoises semblent mettre son destin en péril : puisque le présent ethnologique s'est transformé en anthropologie historique, pourquoi ne pas laisser l'histoire prendre la place de cette discipline encore « coloniale » ? Par ailleurs, la sociologie et la science politique ont su emprunter ce qui leur paraissait opérationnel dans l'anthropologie, pour mieux adapter leurs méthodes. Ainsi elles dominent sans grand partage, du moins en France, le terrain de la société contemporaine actuelle, d'autant que l'ethnologie semble se contenter des « passions ordinaires » pour reprendre le titre d'un ouvrage récent (Bromberger, 1998).

Le fameux débat de l'objet et de la méthode rebondit de plus belle, dans la mesure où l'ethnologie a du mal à devenir performante sur les terrains sociaux classiques recomposés au sein des univers post industriels et mondialisés. Le travail, l'entreprise, l'école, l'université, le social suscitent peu d'engouement. Pourtant la parenté a su construire ses marques discrètement et son exemple devrait être suivi[1]. On peut toutefois postuler que, si l'ethnologie se fait maintenant à domicile (après le *fieldwork* – le terrain – le *homework* – le « fait » à domicile ?), ce n'est qu'en investissant les terrains des autres sciences sociales qu'elle prouvera sa pertinence et non pas en jouant les gardiennes du foyer du patrimoine, du néo-folklore et des envers de la

1. Voir les articles de Martine Segalen, « La parenté : des sociétés "exotiques" aux sociétés modernes », et d'Agnès Fine, « Les parentés parallèles », dans G. Althabe, D. Fabre et G. Lenclud (1992), ainsi que les ouvrages collectifs qu'elles ont publiés ces dernières années.

postmodernité, même si l'étude de ces terrains doit faire partie de ses obligations « statutaires ». Cette mutation globale et des objets et des méthodes, l'anthropologie est pourtant capable de la susciter. L'exemple de l'anthropologie de la santé, de la maladie et particulièrement du sida en fournit une preuve magistrale : la multidimensionalité des terrains (vie privée tant sexuelle que domestique et familiale, spécialistes et institutions des diagnostics et des soins, services publics et privés, modes politiques et culturels de représentation de l'humanité, rapports entre le Sud et le Nord), la confrontation des pratiques disciplinaires et biologiques voire médicales, l'expérience internationale des analyses et des discussions mettent l'ethnologie au cœur d'un débat politique et pratique comme elle n'en a jamais connu[2]. Mais il ne semble guère possible d'extrapoler à toute l'ethnologie les leçons d'un terrain, emblématique sans aucun doute, mais néanmoins très particulier.

Une dernière dimension « interpelle » l'ethnologie : celle du retournement du point de vue de l'observateur. Ainsi le retournement américain du *genre*, déjà ancien d'un quart de siècle, n'a toujours rien transformé dans l'ethnologie française non seulement au niveau des thèmes et des théories mais plus simplement au niveau des conditions et méthodes de l'enquête de terrain. Le retournement indigéniste de l'enquête par les autres à la place de l'ethnologue ou par des ethnologues *autres,* semble aussi laisser la profession de marbre. Cette interculturalité de l'ethnologie ne semble pas à l'ordre du jour en France, alors qu'aux États-Unis le thème de la frontière reçoit les bénédictions de la réputée *Annual Review of Anthropology*[3] et que les débats ethniques (afro-américains, hispanisants, asiatiques) sur le politiquement correct font rage. Je ne propose pas d'adapter de tels réflexes à l'ethnologie française. Je constate que les enjeux de société, donc de la pertinence des terrains, du droit au terrain et du contrôle de l'accès au terrain font l'objet de discussions méthodologiques trop peu nombreuses ici. Il est certain en effet que, pour objectiver ses amis, son peuple, son ethnie, sa culture, sa société, *son terrain,* il faut pouvoir s'estimer soi-même, être capable d'(auto)critiquer sa propre histoire et sa propre tradition.

---

2. Voir par exemple les travaux de Gilles Bibeau, Jean-Pierre Dozon, Laurent Vidal, Michèle Cros, Judith Hassoun et de nombreux autres anthropologues. Lire notamment J. Benoist et A. Desclaux (sous la direction de), *Anthropologie et sida – Bilan et perspectives*, Paris, Karthala, 1996; « L'univers du Sida », *Anthropologie et sociétés*, 15, 2-3, 1991, et « Femmes et sida », *Journal des anthropologues*, 68-69, 1997.

3. Voir les cinq contributions du volume 24 de 1995 consacrées à ce thème.

Nous avons évoqué au cours de cet ouvrage un certain nombre de terrains grâce à des textes de nature très variée : monographies achevées, articles réflexifs, témoignages de séjours voire d'enquêtes. Aucun de ces textes, et aucun de nos commentaires, ne propose directement des conseils, des démarches à suivre, ne dévoile des « trucs » ou des « tours de fabrication ». Répétons-nous une dernière fois, c'est tout à fait impossible. La non-codification stricte des conditions d'application des principes de terrain fait partie de la « culture » de l'ethnologie. Mais il est tout aussi évident que chaque évocation d'un terrain, d'un problème d'enquête, d'un rappel d'expérience personnelle doit pouvoir être reprise et méditée soigneusement. L'apprentissage du terrain dans ce cas consiste à revivre au second degré les expériences et leçons des autres. C'est s'efforcer de se mettre dans la peau du chercheur dont on lit les œuvres, c'est expérimenter les implications de la posture ethnologique. Il faut pour cela que la littérature disponible évoque le terrain comme exercice scientifique le plus lucidement possible, ce qui est très loin d'être encore le cas. Certains ethnologues pensent que procéder ainsi est impossible ou finalement sans intérêt. D'autres, au contraire, ont déjà tiré des conclusions d'une sociologie historique de la connaissance anthropologique. Ces leçons débouchent sur une refabrication des conditions d'enquête et sur une « conscientisation » pratique, plus politique et civique qu'idéologique et moralisante, de l'anthropologie.

Il faut donc reconstruire les nouvelles frontières des terrains. À commencer par le mode d'organisation de l'enquête, de son écriture et de sa diffusion. Si ce livre a été si difficile à composer, c'est qu'il a fallu, dans la mesure du possible, franciser un état d'esprit et des références dont 9 sur 10 sont de langue et de tradition anglo-saxonnes. Et pourtant les spécificités de nos terrains font que ces analyses sont plus des éclairages ou des contre-points que des leçons, car les contextes ont peu de lieux *communs*. Les réflexions de George E. Marcus sur « l'émergence d'une ethnographie multilocalisée (ou située) » et de Akhil Gupta et James Ferguson sur la réinvention ou « rethéorisation du terrain depuis des sites spatiaux vers des lieux politiques » (*political locations*) portent sur des enquêtes peu nombreuses mais déjà reconnues[4]. Il nous faut suggérer nos propres solutions en tenant compte de nos habitudes… et de nos lacunes.

4. Voir le même volume 24 de *Annual Review of Anthropology*, et le chapitre introductif « Discipline and Practice : "The field" as Site, Method and Location in Anthropology » in A. Gupta et J. Ferguson (1997, pp. 1-46).

La construction d'une comparaison des terrains du Sud et de ceux du Nord pourrait constituer le principe d'une reformulation post-malinowskienne. La nécessité d'une culture ethnologique mondiale et défrancophonisée, d'une expérience « internationale » doit éviter à l'ethnologie de construire des frontières territoriales nationales (à l'instar des autres sciences sociales) qui remplaceraient les terrains soi-disant ethniques d'hier (Genest et Copans, 2000). La critique de ces derniers terrains doit se renforcer afin d'asseoir plus fortement la légitimité critique de l'ethnologie en ce domaine : ainsi faut-il encore parler en terme de Hutus et de Tutsis, si on fait de l'ethnologie au Rwanda ? (Amselle, 1997.) Et puis, dernière forme de ce comparatisme de l'universel, les nouvelles sociétés et cultures des mondialisations et autres globalisations. Des migrants aux multinationales en passant par les réfugiés, les ONG, ou la World Music, CNN et autres *tour operators*, le monde serait devenu un village qui appartient à tout le monde et à personne. Mais une nouvelle frontière se profile dans la foulée de l'euro, l'Europe, qui possède depuis 1989 sa propre association d'anthropologie (Association européenne des anthropologues sociaux). Pour les anthropologues américains, ce nouvel exotisme suscite de nombreuses interrogations[5] mais les salles de cours françaises en sont encore trop souvent aux Trobriand, aux Nuer, aux Dogons voire aux sorciers du bocage et aux villages de Provence. Pourtant les footballeurs, les majorettes, ou les travailleurs immigrés font déjà partie d'une certaine version française de la mondialité ou de l'européanité ethnologique[6] !

Les bons exemples ne font peut-être pas les bons terrains car, après tout, la légende veut que Malinowski ait tout inventé… ou imaginé ! Depuis quinze ans le terrain post-malinowskien fraie son chemin, de manière publique et débattue dans le monde anglo-saxon, de manière encore trop sibylline en France. Mais dépêchons-nous d'innover avant que les ethnologues français n'en soient réduits à jouer les informateurs privilégiés d'autres ethnologues qui viendraient d'ailleurs…

---

5. Voir J. Borneman et N. Fowler, « Europeanization », *Annual Review of Anthropology*, vol. 26, 1997, et le dossier « Provocations of European Ethnology », *American Anthropologist*, vol. 99, 4, déc. 1997.

6. Voir les recherches et ouvrages de Christian Bromberger (qui a comparé l'OM et deux équipes d'Italie, 1995), Sébastien Darbon (qui étudie un phénomène d'origine bien américaine, 1995) et Mahamet Timera (qui observe le genre de vie des Soninké en France, 1996).

BIBLIOGRAPHIE

1. Généralités

ADAM J. M., BOREL M. J., CALAME C., KILANI M., *Le Discours anthropologique — description, narration, savoir,* Paris, Méridiens-Klincksieck, 1990. Un des rares ouvrages en langue française sur l'analyse sémiotique des textes ethnologiques, notamment ceux de Mauss, Malinowski, Evans-Pritchard.

AGIER M. (sous la direction de), *Anthropologues en dangers – L'engagement sur le terrain,* Paris, J.-M. Place, 1997. Ouvrage fondamental sur les transformations des terrains actuels (revendications aborigènes, sida, etc.).

ALTHABE G., FABRE D., LENCLUD G. (sous la direction de), *Vers une ethnologie du présent*, Paris, Éditions de la MSH, 1992. Des réflexions générales et un exemple des nouvelles recherches sur le terrain français dans une collection publiée par la Mission du patrimoine ethnologique.

APPADURAI A., « Global Ethnoscapes : Notes and Queries for a Transnational Anthropology », in FOX R. G. (ed.), *Recapturing Anthropology – Working in the Present*, *op. cit.*, pp. 191-210. Un plaidoyer pour le terrain transnational et global.

BEAUD S., WEBER Fl., *Guide de l'enquête de terrain*, Paris, La Découverte, 1997. Le manuel pratique et réflexif pour un terrain d'ethnographie sociologique en France ou en Europe. De nombreux exemples concrets.

BENSA A., « De la micro-histoire vers une anthropologie critique », in J. REVEL (sous la direction de), *Jeux d'échelles — La micro-analyse à l'expérience,* Paris, Gallimard, 1996, pp. 37-70. L'anthropologie comme science des sociétés dans l'histoire.

BOYER P., « Tradition et vérité », *L'Homme,* XXVI, 1-2, 1986, pp. 309-330.

BOYER P., « Pourquoi les Pygmées n'ont pas de culture ? », *Gradhiva,* 7, 1989-1990, pp. 3-17.

BRUMBLE D., *Les Autobiographies d'Indiens d'Amérique,* Paris, PUF, 1993. Analyse littéraire d'un genre ethnologique symbolique et original.

CHAGNON N. A., *Studying the Yanomamö*, New York, Holt, Rinehart and Winston, 1974. Le récit méthodologique de terrain à l'américaine avec de l'aventure en plus !

CLIFFORD J., *Maurice Leenhardt – Personne et mythe en Nouvelle-Calédonie*, Paris, J.-M. Place, 1987.

CLIFFORD J., *Malaise dans la culture – L'ethnographie, la littérature et l'art au XXe siècle,* Paris, École nationale supérieure des Beaux-Arts, 1996. Comprend deux de ses articles fondateurs sur l'autorité ethnographique et M. Griaule.

COLLEYN J. P. et DE CLIPPEL C. (sous la direction de), « Demain le cinéma ethnographique ? », *Cinémaction,* n° 64, 1992. Donne une idée vivante des différents genres avec des textes des réalisateurs.

COPANS J., *Critiques et politiques de l'anthropologie,* Paris, Maspero, 1974.

COPANS J., *Introduction à l'ethnologie et à l'anthropologie*, Paris, Nathan-Université, coll. « 128 », 1996.

COPANS J. et JAMIN J., *Aux origines de l'anthropologie française – La Société des observateurs de l'homme en l'an VIII*, Paris, J.-M. Place, 1994. Les textes fondateurs d'une conception de l'enquête de terrain.

COULON A., *L'École de Chicago*, Paris, PUF, coll. « Que-sais-je ? » n° 2639, 1992. Une introduction très claire.

CRESSWELL R., GODELIER M., *Outils d'enquête et d'analyse anthropologiques,* Paris, F. Maspero, 1976.

DARNELL R., « Deux ou trois choses que je sais du postmodernisme – Le "moment expérimental" dans l'anthropologie nord-américaine », *Gradhiva,* 17, 1995, pp. 3-15.

DESCOLA Ph., *Les Lances du crépuscule – Relations jivaros, Haute-Amazonie,* Paris, Plon, coll. « Terre humaine », 1993. Le modèle du récit moderne, réécrit, du terrain.

DESCOLA Ph., « Rétrospection », *Gradhiva*, 16, 1994, pp. 15-27. Comment et pourquoi écrire un volume dans la collection « Terre humaine ».

DUCHET M., *Anthropologie et histoire au siècle des Lumières*, Paris, Flammarion, 1977. Les origines de la pensée anthropologique d'*avant* le terrain.

Études rurales, « Le texte ethnographique » (présentation F. Zonabend et J. Jamin), 97-98, janv.-juin 1985. Une demi-douzaine de textes français et américains (J. Clifford et P. Rabinow).

EVANS-PRITCHARD E. E., *Les Nuer* (1940), Paris, Gallimard, 1964. La monographie la plus célèbre après *Les Argonautes du Pacifique occidental*, de Malinowski.

Fowler D., « Notes on inquiries in Anthropology : a Bibliographic Essay » in Thorensen T. H. H., *Toward a Science of Man – Essays in the History of Anthropology,* La Haye, Mouton, 1975, pp. 15-32.

Fox R. G. (ed.), *Recapturing anthropology – Working in the Present,* Santa Fe, School of American Research Press, 1991.

Gast M. et Panoff M. (sous la direction de), *L'Accès au terrain en pays étranger et outremer,* Paris, L'Harmattan, 1986. Actes d'un colloque tenu en 1985 : les choses ont-elles tant changé ?

Geertz Cl., *Savoir local, savoir global – Les lieux du savoir,* Paris, PUF, 1986.

Geertz Cl., *Ici et Là-bas – L'anthropologue comme auteur,* Paris, Métailié, 1996. Le modèle de la lecture littéraire postmoderne.

Golde P. (ed.), *Women in the Field – Anthropological Experiences,* Chicago, Aldine, 1970. Une douzaine d'expériences de terrain d'anthropologues réputées (Du Bois, Mead, Codere).

Goody J., *La Raison graphique – La domestication de la pensée sauvage* (avant-propos de J. Bazin et A. Bensa), Paris, Minuit, 1979.

Goody J., *La Logique de l'écriture,* Paris, A. Colin, 1986.

Goody J., *Entre l'oralité et l'écriture*, Paris, PUF, 1994.

Goody J., « De l'oral à l'écrit » (entretien) in *Sciences humaines*, 83, mai 1988, pp. 38-41.

Gupta A. et Ferguson J. (eds.), *Anthropological Locations – Boundaries and Grounds of a Field Science,* Berkeley, University of California Press, 1997. Analyses historiques et personnelles pour fonder un nouveau terrain ethnologique et anthropologique.

Jongmans D. G. et Gutkind P. C. W. (eds), *Anthropologists in the Field,* Assen, Van Gorcum, 1967.

Keesing R. M., « Métaphores conventionnelles et métaphysiques anthropologiques – La problématique de la traduction culturelle », *Enquête,* 3, 1996, pp. 211-238. Surinterprétation et perspectives cognitivistes.

Kilani M., *L'Invention de l'autre – Essais sur le discours anthropologique,* Lausanne, Payot, 1994. L'un des seuls ouvrages d'analyse textuelle non postmoderne en langue française.

KUPER A., *The Invention of Primitive Society. Transformations of an Illusion*, Londres, Routledge, 1988.

LABURTHE-TOLRA Ph. et WARNIER J. P., *Ethnologie, anthropologie*, Paris, PUF, 1993. Un manuel complet sauf sur l'expérience de terrain.

LAPLANTINE F., *La Description ethnographique,* Paris, Nathan-Université, coll. « 128 », 1996. Approches littéraire, philosophique et rhétorique.

LENCLUD G., « Qu'est-ce que la tradition ? », in M. DÉTIENNE (sous la direction de), *Transcrire les mythologies, tradition, écriture, historicité*, Paris, Albin Michel, 1994.

LENCLUD G., « Quand voir c'est reconnaître – Les récits de voyage et le regard anthropologique », *Enquêtes,* 1, 1995, pp. 113-129.

LÉVI-STRAUSS Cl., *Tristes Tropiques*, Paris, Plon, coll. « Terre humaine », 1955.

MAGET M., *Guide d'enquête directe des comportements culturels*, Paris, Éditions du CNRS, 1962 (1re édition 1953).

MALINOWSKI B., *Myth in Primitive Psychology,* New York, Norton, 1926.

MALINOWSKI B., *Les Argonautes du Pacifique occidental*, Paris, Gallimard, 1963.

MALINOWSKI B., *Les Jardins de corail,* Paris, F. Maspero, 1974.

MALINOWSKI B., *Journal d'ethnographe,* Paris, Seuil, 1985.

MAUSS M. *Manuel d'ethnographie*, Paris, Payot, 1967.

MAUSS M., « L'ethnographie en France et à l'étranger » (1913), in M. MAUSS, *Œuvres*, tome 3 : *Cohésion sociale et divisions de la sociologie*, Paris, Éditions de Minuit, 1969, pp. 395-434.

OLIVIER DE SARDAN J.-P., « Pacte ethnographique et film documentaire », *Xoana,* 2, 1994, pp. 51-64.

OLIVIER DE SARDAN J.-P., « La politique du terrain – Sur la production des données en anthropologie », *Enquête,* 1, 1995, pp. 71-109. Nombreuses références.

OLIVIER DE SARDAN J.-P., « La violence faite aux données – Autour de quelques figures de la surinterprétation en anthropologie », *Enquête*, 3, 1996, pp. 31-59. Deux articles qui posent l'ensemble des problèmes de l'enquête et des données de terrain en s'inspirant des études anglo-saxonnes.

PELS P. et SALEMINK O., « Five Theses on Ethnography as Colonial Practice », in P. PELS et O. SKALEMINK (eds.), « Colonial Ethnographies », *History and Anthropology*, vol. 8, 1-4, pp. 1-34. Des analyses sociologiques et historiques de l'ethnologie à l'époque coloniale.

PERETZ H., *Les Méthodes de la sociologie : l'observation*, Paris, La Découverte, 1998.

PETONNET C., « L'observation flottante. L'exemple d'un cimetière parisien », *L'Homme*, vol. XXII, 4, 1982, pp. 37-47.

PIETTE A., *Le Mode mineur de la réalité – Paradoxes et photographies en anthropologie*, Louvain-La-Neuve, Peeters, 1992.

PRICE R., *Les Premiers Temps. La conception de l'histoire des Marrons saramaka,* Paris, Seuil, 1994. L'exemple d'une lecture du passé et de sa recontruction dans le présent : les preuves du travail ethnologique.

PULMAN B., « Pour une histoire de la notion de terrain », *Gradhiva,* 5, 1988, pp. 21-30. Les différents sens du mot « terrain ».

RIVIÈRE Cl., *Introduction à l'anthropologie*, Paris, Hachette, 1995.

SANJEK R. (ed.), *Fieldnotes – The Makings of Anthropology,* Ithaca, Cornell University Press, 1990. L'ouvrage fondamental pour comprendre le travail textuel des ethnologues sur le terrain.

SANJEK R., « The Ethnographic Present », *Man*, 26, 1991, pp. 609-628.

SIRAN J. L. et MASQUELIER B. (sous la direction de), *Rhétoriques du quotidien. Pour une anthropologie de l'interlocution,* Paris, L'Harmattan, 1999. Le détour indispensable de l'ethnographie de la parole.

SPERBER D., *Le Savoir des anthropologues – Trois essais*, Paris, Hermann, 1982. L'un des ouvrages fondateurs de l'interrogation cognitiviste sur la construction ethnologique.

SPINDLER G. D., *Being an Anthropologist – Fieldwork in Eleven Cultures,* New York, Holt, Rinehart and Winston, 1970.

SRINIVAS M. N., *The Remembered Village,* New Delhi, Oxford University Press, 1976. Le terrain dans la mémoire : une prouesse.

SRINIVAS M. N., SHAH A. M., RAMASWAMY E. A. (eds.), *The Fieldworker and the Field – Problems and Challenges in Sociological Investigation,* New Delhi, Oxford University Press, 1979. Les anthropologues indiens décrivent leurs pratiques sur les terrains traditionnels et modernes des années 1950-1970.

STOCKING G. Jr. (ed.), « Observers Observed – Essays on Ethnographic Fieldwork », *History of Anthropology*, vol. 1, Madison, University of Wisconsin Press, 1983. Lire notamment son article « The Ethnographer's magic – Fieldwork in British Anthropology from Tylor to Malinowski », pp. 70-120. Le premier volume d'une longue série d'études érudites sur les pratiques et les idées de la discipline.

TESTART A., « L'objet de l'anthropologie sociale » in *L'Homme « Anthropologie : état des lieux »*, Paris, Le Livre de Poche, 1986, pp. 147-150.

VAN BEEK W., « Dogon restudied : a Field Evaluation of the Work of Marcel Griaule », *Current Anthropology,* 32, 2, 1991, pp. 139-158. Une revisite.

ZONABEND F. « De l'objet et de sa restitution en anthropologie », *Gradhiva*, 16, 1994, pp. 3-14.

2. Références complémentaires et spécialisées

• *Chapitre 1*

ALBERT B., « Situation ethnographique et mouvements ethniques : réflexions sur le terrain post-malinowskien », in M. AGIER, *Anthropologues en danger, op. cit.*, pp. 75-88.

AUGÉ M., *Non-lieux. Introduction à une anthropologie de la surmodernité*, Paris, Seuil, 1992.

BARLEY N., *Un anthropologue en déroute*, Paris, Payot, 1992.

BARLEY N., *L'anthropologie n'est pas un sport dangereux*, Paris, Payot, 1997.

BATESON C., *Regards sur mes parents. Une évocation de M. Mead et de G. Bateson*, Paris, Seuil, 1989.

BLANCKAERT Cl. (textes rassemblés et présentés par), *Naissance de l'ethnologie ? Anthropologie et missions en Amérique (XVIe-XVIIIe siècle)* Paris, Le Cerf, 1985.

BLANCKAERT Cl. (sous la direction de), *Le Terrain des sciences humaines – Instructions et enquêtes (XVIIIe-XXe siècle)*, Paris, L'Harmattan, 1996.

EPSTEIN A. L. (ed.), *The Craft of Social Anthropology*, Oxford, Oxford University Press, 1967.

FIRTH R. (éd.), *Man and Culture. An evaluation of the Work of Bronislaw Malinowski,* Londres, Routledge and Kegan Paul, 1957.

FRIED M., *The Study of Anthropology*, New York, Thomas Y. Crowell, 1972.

JARVIE I. C., *The Revolution in Anthropology,* Chicago, Henry Regnery, 1964.

LEIRIS M., *Miroir de l'Afrique*, Paris, Gallimard, coll. « Quarto », 1996. Comprend *L'Afrique fantôme.* Édition définitive assurée par J. Jamin.

LENCLUD G., « Le grand partage ou la tentation ethnologique », in G. ALTHABE, D. FABRE, G. LENCLUD (sous la direction de), *Vers une ethnologie du présent, op. cit.*, 1992, pp. 9-37.

MARCUS G.E., FISCHER M.M., *Anthropology as Cultural critique – An Experimental Moment in the Human Sciences*, Chicago, The University of Chicago Press, 1986.

MEAD M., *Du givre sur les ronces – Autobiographie*, Paris, Seuil, 1972.

MEAD M., *Écrits sur le vif,* Paris, Denoël, 1980 (d'après *Letters from the Field 1925-1975).*

MIDDELTON J., *The Study of the Lugbara : Expectation and Paradox in Anthropological Research*, New York, Holt, Rinehart and Winston, 1970.

PAULME D., « Sanga 1935 », *Cahiers d'études africaines*, vol. XVII, 1, 65, 1977, pp. 7-12.

RICHARDS A. I., « The development of Field Work Methods in Social Anthropology », in F. C. BARTLETT *et al.*, *The Study of Society*, Londres, Routledge and Kegan Paul, 1939, pp. 272-316.

RUPP-EISENREICH B. (textes réunis et présentés par), *Histoires d'anthropologie (XVI-XIXe siècle)*, Paris, Klincksieck, 1984.

RUPP-EISENREICH B. et MENGET P. (textes réunis par), « L'anthropologie : points d'histoire », *L'Ethnographie*, tome LXXIX, 90-91, 1983.

SAIGNES T., « Chiriguanos, jésuites et franciscains : généalogie du regard missionnaire », in Cl. BLANKAERT, *Naissance de l'ethnologie..., op. cit.*, pp. 194-231.

• *Chapitre 2*

BARTH F., *Political Leadership Among the Swat Pathans,* Londres, Athlone Press, 1959.

BARTH F., *Ritual and Knowledge Among the Backtaman of New-Guinea*, New Haven, Yale University Press, 1975.

LEWIS O., *Five Families. Mexican Case Studies in the Culture of Poverty,* New York, Basic Books, 1959.

LEWIS O., *Pedro Martinez – Un paysan mexicain et sa famille*, Paris, Gallimard, 1966.

LEWIS O., *La Vida – Une famille portoricaine dans la culture de pauvreté : San Juan et New York,* Paris, Gallimard, 1969.

• *Chapitre 3*

BALANDIER G., *Afrique ambiguë*, Paris, coll. « 10/18 », 1962 (Plon, coll « Terre humaine », 1957).

CHAPOULIE J.-M., *La Tradition sociologique de Chicago, 1892-1961*, Paris, Seuil, 2001.

CLIFFORD J., « Notes on (field) notes » in R. Sanjek (ed.), *Fieldnotes*, op. cit., pp. 47-70.

CONDOMINAS G., *L'exotique est quotidien – Sar Luk Vietnam Central*, Paris, Plon, coll. « Terre humaine », 1965.

COPANS J., *Les Marabouts de l'arachide. La confrérie mouride et les paysans du Sénégal* (1980), Paris, L'Harmattan, 1988.

GARBETT G. K., « The Restudy as a Technique for the Examination of Social Change », in D. G. JONGMANS et P. C. W. GUTKIND (eds.), *Anthropologists in the Field, op. cit.*, pp. 116-132.

GIBBAL J. M., *Tambours d'eau – Journal et enquête sur un culte de possession au Mali occidental*, Paris, Le Sycomore, 1982.

JAULIN R., *La Mort sara – L'ordre de la vie ou la pensée de la mort au Tchad*, Paris, Plon, coll. « Terre humaine », 1967.

KULICK D. et WILSON M. (eds.), *Taboo: Sex, Identity and Erotic Subjectivity in Anthropological Fieldwork,* Londres, Routledge, 1995.

LOHMAN J. D., « The Participant Observer in Community Studies », *American Sociological Review,* vol. 2, 6, 1937, pp. 890-897.

MÉTRAUX A., « De la méthode dans les recherches ethnologiques », (1925), *Gradiva,* 5, 1988, pp. 57-71.

MÉTRAUX A., *L'Île de Paques*, Paris, Gallimard, 1941 (réédition, coll. « Idées », 1965).

PAULME D., « Quelques souvenirs », *Cahiers d'études africaines*, vol. XIX, 1-4, 73-76, 1979, pp. 9-17.

WYLIE L., *Un village du Vaucluse*, Paris, Gallimard, 1968. Un Américain fait du terrain en France en 1948.

• *Chapitre 4*

JAMIN J., *Les Lois du silence – Essai sur la fonction sociale du secret,* Paris, F. Maspero, 1977.

MOIZO B., « L'anthropologie aboriginaliste : de l'application à la fiction », in M. AGIER (sous la direction de), *Anthropologues en dangers*, *op. cit.*, pp. 65-74.

PASSARO J., « "You can't take the Subway to the Field !" : "Village" Epistemologies in the global Village », in A. GUPTA et J. FERGUSON (eds.), *Anthropological Locations*, *op. cit.*, pp. 147-162.

TURNBULL C., *Les Iks – Survivre par la cruauté. Nord-Ouganda,* Paris, Plon, coll. « Terre humaine », 1987.

VIRAMMA J.-L., RACINE J.-L. et J., *Une vie paria. Le rire des asservis. Pays tamoul, Inde du Sud*, Paris, Plon, coll. « Terre humaine », 1995.

WERNER J. F., *Marges, sexe et drogues à Dakar – Enquête ethnographique*, Paris, Karthala, 1993.

• *Chapitre 5*

BAZIN J., « La production d'un récit historique », *Cahiers d'études africaines,* vol. XIX, 1-4, 73-76, 1979, pp. 435-483.

BENSA A., « Vers kanaky : tradition orale et idéologie nationaliste en Nouvelle-Calédonie », in A. BENSA, *Chroniques kanakes – L'ethnologie en marche,* Paris, *Ethnies*, 18-19 (Documents), 1995, pp. 290-306.

BOUJU J., « Tradition et identité – La tradition dogon entre traditionalisme rural et néo-traditionalisme urbain », *Enquête*, vol. 2, 1995, pp. 95-117.

BRIGGS C., *Learning how to Ask. A Socio-linguistic Appraisal of the Role of the Interview in Social Science Research*, Cambridge, Cambridge University Press, 1986.

CALAME-GRIAULE G., *Ethnologie et langage. La parole chez les Dogons*, Paris, Gallimard, 1965 (Institut d'ethnologie, 1987).

CAMARA S., *Gens de la parole – Essai sur la condition et le rôle des griots dans la société malinké,* Paris, Karthala, 1992.

DOQUET A., *Les masques dogons sous le regard de l'autre – Fixité et changement dans une société ethnographiée*, Paris, Karthala, 1999.

GRIAULE M., *Dieu d'eau, Entretiens avec Ogotemmêli*, Paris, Fayard, 1948 (Le Livre de Poche, 1987).

JEWSIEWICKI B., « La mémoire », in C. COULON et D. C. CONSTANT MARTIN (sous la direction de), *Les Afriques politiques,* Paris, La Découverte, 1991, pp. 59-71.

JEWSIEWICKI B., *Naître et mourir au Zaïre. Récits de vie*, Paris, Karthala, 1993.

KABAKOVA G. et REY-HULMAN D., « L'anthropologie et la linguistique : séparation de corps ? », *Journal des anthropologues*, 57-58, automne-hiver 1994, pp. 7-14.

LENCLUD G., « La tradition n'est plus ce qu'elle était », *Terrain,* 9, 1987, pp. 110-123.

MBOT J. E., *Ebughi bifia, démonter les expressions : énonciation et situations sociales chez les Fang du Gabon,* Paris, Institut d'ethnologie, 1975.

OLIVIER DE SARDAN J. P., *Les Sociétés songhay-zarma (Niger-Mali) – Chefs, guerriers, esclaves, paysans,* Paris, Karthala, 1984.

SIRAN J. L., « Les énoncés ne sont pas des choses mais des *événements* », *Journal des anthropologues*, 57-58, automne-hiver 1994, pp. 107-117.

RICARD A., *Littératures d'Afrique noire – Des langues aux livres*, Paris, CNRS, Karthala, 1995.

TERRAY E., *Une histoire du royaume Abron du Gyaman. Des origines à la conquête coloniale,* Paris, Karthala, 1995.

VANSINA J., *De la tradition orale, essai de méthode historique,* Tervuren, 1961.

VANSINA J., *Oral Tradition as History*, Londres, J. Currey, 1985.

• *Chapitre 6*

COLLEYN J.-P., « Le film et le texte », in M. AUGÉ et J.-P. COLLEYN, *Nkpiti. La rancune et le prophète,* Paris, EHESS, 1990, pp. 7-14.

EMOND B. R., *Vues et bévues du cinéma ethnographique*, Documents, Travaux, Rapports de recherche n° 2, Département d'anthropologie, université Laval, 1978.

FIÉLOUX M., LOMBARD J., *Les Mémoires de Binduté Da,* Paris, EHESS, 1998.

PAPINOT C., « Vers une pratique photographique participante ? », *Journal des anthropologues*, 49, automne 1992, pp. 151-158.

PEIXOTO C., « Kaléidoscope d'images. Les contraintes et contributions de l'audio-visuel à l'analyse des relations sociales », *Journal des anthropologues*, 59, hiver 1995, pp. 117-125.

PIAULT M.-H., *Cinéma et anthropologie*, Nathan, coll. « Nathan Cinéma », 2000.

ROCHE T., « Le cinéma des Indiens d'Amérique – Réflexions : I Thèmes et problématiques », *Journal des anthropologues*, 56, été 1994, pp. 97-100.

ROUCH J., « Le film ethnographique », *Ethnologie générale,* « Encyclopédie de la Pléiade », Paris, Gallimard, 1968, pp. 429 -471.

• *Chapitre 7*

BLASQUEZ A., *Gaston Lucas, serrurier,* Paris, Plon, coll. « Terre humaine », 1977.

BOND G. C., « Fieldnotes : Research in Past Occurences », in R. SANJEK, *Fieldnotes*, *op. cit.*, pp. 273-289

CARATINI S., *Les Enfants des nuages,* Paris, Seuil, 1993.

CARATINI S., « Expérience du terrain, construction du savoir », *L'Homme,* 143, juil.-sept. 1997, pp. 179-187.

GENEST S. et COPANS J., « Terrains d'avenir » (sous la dir.), *Anthropologie et sociétés*, vol. 24, n° 1, 2000.

GODELIER M., « Objet et méthode de l'anthropologie économique », in M. GODELIER, *Rationalité et irrationalité en économie*, Paris, F. Maspero, 1966, pp. 232-293.

KILANI M., « Les anthropologues et leur savoir : du terrain au texte », in J.-M. ADAM *et al.*, *Le Discours anthropologique, op. cit.*, pp. 71-109.

LACOSTE-DUJARDIN C., *Dialogue de femmes en ethnologie*, Paris, F. Maspero, 1977.

LÉVI-STRAUSS Cl., *L'Homme nu (Mythologiques 4)*, Paris, Plon, 1971.

MEILLASSOUX Cl., « Projet de recherche sur les systèmes économiques africains », in Cl. MEILLASSOUX, *Terrains et théories,* Paris, Anthropos, 1977, pp. 107-118.

MINTZ S., *Taso – La vie d'un travailleur de la canne,* Paris, F. Maspero, 1979.

MOMADAY N. SCOTT, *Le Chemin de la montagne de pluie,* Paris, Gallimard, 1998.

RABINOW P., *Un ethnologue au Maroc, réflexion et enquête de terrain*, Paris, Hachette, 1988.

TURNER V. W., *The Forest of Symbols : Aspects of Ndembu Ritual*, Ithaca, Cornell University Press, 1967.

TURNER V. W., *Les Tambours d'affliction* [1968], Paris, Gallimard, 1972.

TURNER V. W., *Le Phénomène rituel* [1969], Paris, PUF, 1990.

• *Conclusion*

AMSELLE J.-L., « L'anthropologue face au durcissement des identités », in J. HAINARD et R. KAEHR (sous la direction de), *Dire les autres – Réflexions et pratiques ethnologiques,* Lausanne, Payot, 1997, pp. 21-30

BROMBERGER C. (sous la direction de), *Passions ordinaires – Du match de football au concours de dictée,* Paris, Bayard Éditions, 1998.

DARBON S., *Des jeunes filles toutes simples, Ethnographie d'une troupe de majorettes en France*, Paris, J.-M. Place, 1995.

INDEX

Dans la même collection

Domaine : Sciences sociales

18. François de Singly, *L'Enquête et ses méthodes : le questionnaire*
19. Alain Blanchet, Anne Gotman, *L'Enquête et ses méthodes : l'entretien*
37. François de Singly, *Sociologie de la famille contemporaine*
41. Marcelle Stroobants, *Sociologie du travail*
46. Yves Grafmeyer, *Sociologie urbaine*
69. Philippe Adam, Claudine Herzlich, *Sociologie de la maladie et de la médecine*
88. Philippe Corcuff, *Les Nouvelles Sociologies*
98. Claudette Lafaye, *Sociologie des organisations*
99. Catherine Rollet, *Introduction à la démographie*
107. Jean-Manuel de Queiroz, *L'École et ses sociologies*
119. François Laplantine, *La Description ethnographique*
122. Daniel Bertaux, *Les Récits de vie*
124. Jean Copans, *Introduction à l'ethnologie et à l'anthropologie*
137. Jean-Claude Kaufmann, *L'Entretien compréhensif*
184. Jérôme Lafargue, *La Protestation collective*
209. Martine Segalen, *Rites et rituels contemporains*
216. Anne-Marie Arborio, Pierre Fournier, *L'Enquête et ses méthodes : l'observation directe*
240. Olivier Martin, *Sociologie des sciences*
241. Emmanuel Pedler, *Sociologie de la communication*
260. Vincent Caradec, *Sociologie de la vieillesse et du vieillissement*
268. Michel Bozon, *Sociologie de la sexualité*

Imprimé en France par IFC. Saint-Germain-du-Puy 18390.
N° éditeur : 10095695- (III) - (6) - OSBS 80°
Dépôt légal mai 2002. N° d'imprimeur : 02/429